大学入試の終焉

高大接続テストによる再生

佐々木隆生❖著
takao sasaki

北海道大学出版会

なかったのかというとそうではありません。「高大接続テスト（仮称）」の構想——以下では「仮称」は省略します——は、そうした現在の大学入試のもつ弱点を克服する可能性を与えていました。

もちろん「高大接続テスト」は、今あげたような諸問題に対応するために構想されたわけではありません。それは、日本の高校教育と大学教育の接続を大きく改革する展望の中で考えられたものです。しかし、そうであったからこそ、二〇一〇—二〇一一年に起きた諸問題にも対応可能な性格をもっていたのです。「高大接続テスト」の構築・導入がいよいよ重要となっているのではないでしょうか。

高大接続とは？

「高大接続」という言葉や「高大連携」という言葉を聞いたことはあっても、聞いてすぐ意味のわかる人はそう多くないかもしれません。「高大」という言葉は、「高校と大学の間の」という言葉を省略してできた用語で、「高校」と「大学」を英語で言えばハイフンでつないだような略語になっています。これに「接続」というのがつくのでなお理解しにくいのですが、簡単に言えば、学校制度の中での高校段階の教育と大学段階の教育の関係を指す用語と言えます(1)。

高大接続と言うと、たいていは大学入試（入学者選抜）を考えると思います。高校から大学に進学するためには、志願者は入学したい大学の入学試験を受けて合格しなければなりません。しかし、入試だけが高大接続を構成しているわけではありません。戦後一九四七（昭和二二）年三月に制定された学校教育法は、大学入学資格を高校段階の教育課程修了で与えています（現行学校教育法第九〇条）。つまり、前段階の学校での教育課程を修了すること、そして先の段階の個別の学校に志願して選抜試験を受けて合格することの二要素から成り立っています。その意味では、義務教育が終わって中学校から高校に進む際と同じです。

ボトムアップでの高大接続テスト検討のはじまり

このような高校と大学の接続の仕方は、戦後ずっと長い間、当たり前のように思われてきました。しかし、二一世紀に入るとこのような接続の仕方に大きな問題が生まれ、高大接続が機能低下あるいはもっと深刻な機能不全を起こし始めました。そこで、これからの高大接続を適切なものとするために、高校段階での学力を客観的に把握するテストが必要ではないかという考えが出てきます。

高大接続テストが議論の対象となった過程で最初に指摘しなければならないのは、それがボトムアップで提起されてきたということです。これまでの教育政策・制度の改革は旧文部省以来、中央教育審議会(中教審)や政府の臨時教育審議会(臨教審)、教育再生会議などから始まったことから、今度の高大接続テストもそうじゃないかと思われたりするのですが、そうでありません。

最初に高大接続テストの検討を提唱したのは社団法人国立大学協会(国大協)でした。国大協は、二〇〇七(平成一九)年一一月の総会で「平成二二年度以降の国立大学の入学者選抜制度——国立大学協会の基本方針」(国大協基本方針)を決定します。そこで、国大協は「高等学校等において基礎的教科・科目を普遍的に履修」することを国立大学共通のアドミッション・ポリシーとして明確にしますが、さらに、

必要な理由やその目的、そのあり方などを理解している人々は大学・高校関係者でもそう多くありませんし、教育界から一歩外に出れば新聞などで名前を聞いただけという人が多いのが現状です。そして、かなり多くの人々が誤解をもっています。誤解の代表的なものが「高大接続テストってAO入試や推薦入試に使うものらしい」、「大学入試センター試験以外に新しいテストをするつもりらしい」というものです。

協議・研究は、高大接続テストをAO・推薦入試に限定された狭い、あるいは技術的な見地から検討する立場をとりませんでした。国大協の問題提起を出発点として、現在の高大接続の何が問題であるかを問う検討を行い、適切な高大接続テストがあるとすれば、それを基礎に学力選抜を含めた大学入学者選抜制度全体の改革を行うべきであるとの立場に向かいました。

高大接続テストの協議・研究が最も重視したのは、戦前に始まり、戦後の学制改革を経て今日まで続いている日本型とも言うべき高大接続の独自な形態が、今日ではもはや機能せずに転換の必要に直面していることでした。そして、この点への着目が、従来の大学入学者選抜制度批判や高校教育批判が看過していた教育上の高大接続の重要性を拾い上げることを可能にし、高大関係者が一致する高大接続テストの構想を生み出したのです。

本書は、大学入試やテスト、進路指導に関わる人々とともに、広く教育に関心を寄せる人々を念頭に、第Ⅰ部で、高大接続テストの協議・研究報告書の内容に即しながら、高大接続テストの構築・導入の必要性とテストの基本的な性格などについて述べ、それに加えて第Ⅱ部では、高大接続テストに関わる入試改革に関するいくつかの論点を掘り下げて述べています。高大接続に関わる諸問題についての案内を果たしたいと考えています。お読みいただいて忌憚ないご意見をいただきたいと思っておりますし、また広く高大接続テストについての議論がなされればと願っております。

（1）「高大連携」という言葉も使われるが、これは高校と大学が教育上様々な協力を行うことを意味していて、高大接続の一部をなすにしても接続よりも狭い関係を指している。連携は、入学者選抜や教育課程などの制度を所与として、大学の講義や情報を高校生に提供すること、それに対応して高校での授業などを工夫するなどが主内容となっている。

（2）国大協（二〇〇七ａ）、四頁。同時に、同報告の参考資料である国大協（二〇〇七ｂ）入試委員会報告、二三―二五頁を参照されたい。

（3）文部科学省「先導的大学改革推進委託事業調査研究報告書」http://www.mext.go.jp/a_menu/koutou/itaku/08082915/1298840.htm。

目次

目次

目　次

第II部　日本型の大学入学者選抜をめぐって

第Ⅰ部　高大接続テストを検討する

第1章　高大接続に何が起きているのか

高大接続の構成要素と機能不全

接続(articulation)という言葉は、言語学で言う有節化・分節化や医学・解剖学で言われる関節などにも使われます。それぞれが固有の機能をもつ部分などが接合することを指します。学校間の接続には、転校などに際して生じる同一レベルの学校間の接続もありますが、ここで問題となっているのは、高校と大学という異なるレベルにある学校間の接続(articulation between high school and university, articulation from high school to university)です。

日本の高大接続は、「はじめに」でも触れたように、二つの要素から構成されてきました。一つは大学入試です。日本の大学入試は、個別の大学が独自に入試を行って入学者を選抜するという方法で行われ、戦後一貫して日本の高大接続の主要構成要素となってきました。入試には、一般入試、推薦入試、AO入試などがあり、一般の入試をとってもセンター試験のような共通テストと個別の大学が実施する学力試験や論文・面接試験から成り立ちますが、いずれにしても個々の大学が志願者から入学者を選抜しています。高校を卒業して「大学入学資格」を得たとしても、それは「大学入試受験資格」と同じで、行きたい大学の入試に合格しなければ大学に進学することはできないのです。

もう一つの要素は、今触れた「大学入学資格」が、高校の教育課程の修了によって与えられていることです。つまり、高校の教育課程を修了することが大学で教育を受けるための前提とされることによって、学校教育の体系の中での接続が図られています。従来、高大接続と言えば受験競争や大学入試の方法などにもっぱら注目が向いてきたのですが、この要素によってはじめて学校制度の中で高校と大学の関係が定められているのです。それは、高校教育と大学教育が教育上の連続性をもっていることを示しています。決して見逃すことができない要素で、極めて重要だと言えます。

高大接続の機能不全というのは、こうした高大接続を構成する二要素に大きな障害が生まれ、それらが機能しなくなっていることを意味します。それらを以下で見ることにしましょう。

一　大学入試の選抜機能の低下

高大接続の機能低下なり機能不全はいくつかの現象に現れていますが、何よりも第一に、大学入試がもっている選抜機能の著しい低下を取り上げなければなりません。

表2　大学入学者選抜試験(入試)方法の区別

一般入試	調査書の内容，学力検査，小論文・面接その他の能力・適性等に関する検査の成績，その他大学が適当と認める資料により，入学志願者の能力・適性等を合理的に総合して判定する入試方法
アドミッション・オフィス入試	詳細な書類審査と時間をかけた丁寧な面接等を組み合わせることによって，入学志願者の能力・適性や学習に対する意欲，目的意識等を総合的に判定する入試方法
推薦入試	出身高等学校長の推薦に基づき，原則として学力検査を免除し，調査書を主な資料として判定する入試方法
専門高校・総合学科卒業生入試	高等学校の職業教育を主とする学科又は総合学科卒業の入学志願者を対象として，職業に関する教科・科目の学力検査の成績などにより判定する入試方法
帰国子女入試・社会人入試	帰国子女(中国引揚者等子女を含む。)又は社会人を対象として，一般の入学志願者と異なる方法により判定する入試方法

文部科学省「大学入学者選抜実施要項」より。

非学力選抜の増加——選抜は学力入試を意味しない

大学入試の選抜機能の低下を端的に示すのは、大学入試の中でAO・推薦入試といった「非学力選抜」がこの一〇年ほどの間に急速に増加してきたことです。

大学が入学者を選抜する方法(大学入試)は、表2でわかるように、一般入試、AO(アドミッション・オフィス入試)、推薦入試、専門高校・総合学科卒業生入試、帰国子女入試・社会人入試に区別されています。このうち学力検査を中心とする一般入試が大学入試を代表するものと考えられてきました。しかし、図1に見るように、AO入試と推薦入試が増加して、一般入試の比率は縮小し、二〇〇八(平成二〇)年度入試(二〇〇八年四月入学者のための入試。以下同じ)では、入学者五九万六三四八人のうちで一般入試からの入学者は五五・九%の三三万三四一六人でしかなくなってい

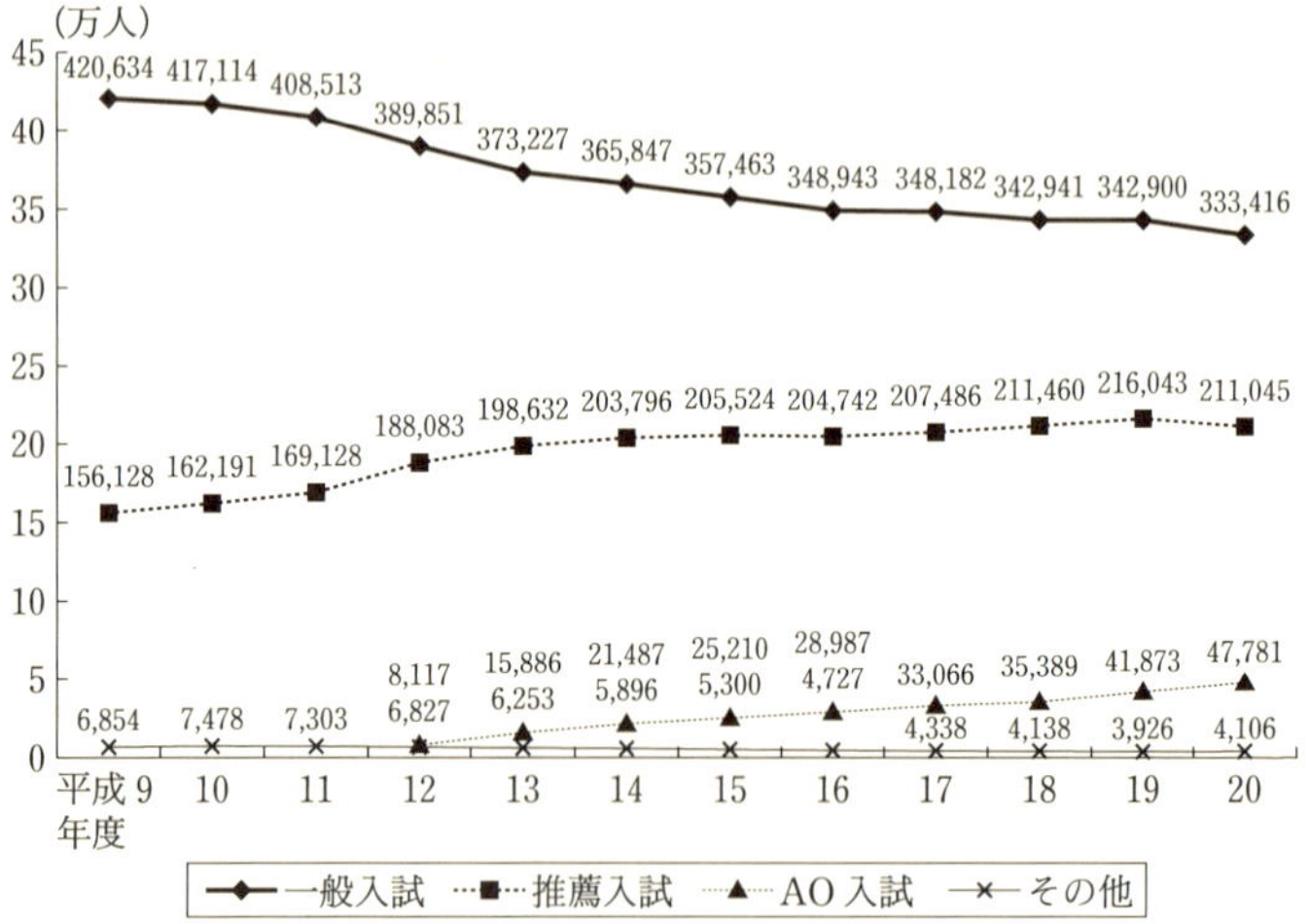

図1　入試方法別入学者の推移

（注）　AO入試による入学者数は，平成12年度から調査。
文部科学省，中教審答申『学士課程教育の構築に向けて』より。

ます。この傾向は、国立、公立、私立を問わず生じたのですが、特に私立大学ではその傾向が強く、図2を見ると私立大学入学者四六万八〇六七人のうち、一般入試からの入学者は五〇%を割っています。選抜はもはや学力入試を意味しないのです。

ＡＯ・推薦入試では通常の学力検査が行われませんが、だからと言って学力免除の選抜がなされているとは言えません。推薦入試――以前は推薦入学と言っていたのですが――は、大学入試の選抜力が高かった頃は高校長の推薦が一定の基礎学力の証明となっていましたし、今でも多くの志願者が入学を希望する大学――選抜性の高い大学――の推薦入試では基礎学力の有無が重視されています。ＡＯ入試でも、選抜性の高い大学では、調査書、面接、論文などで基礎学力の有無を問い、

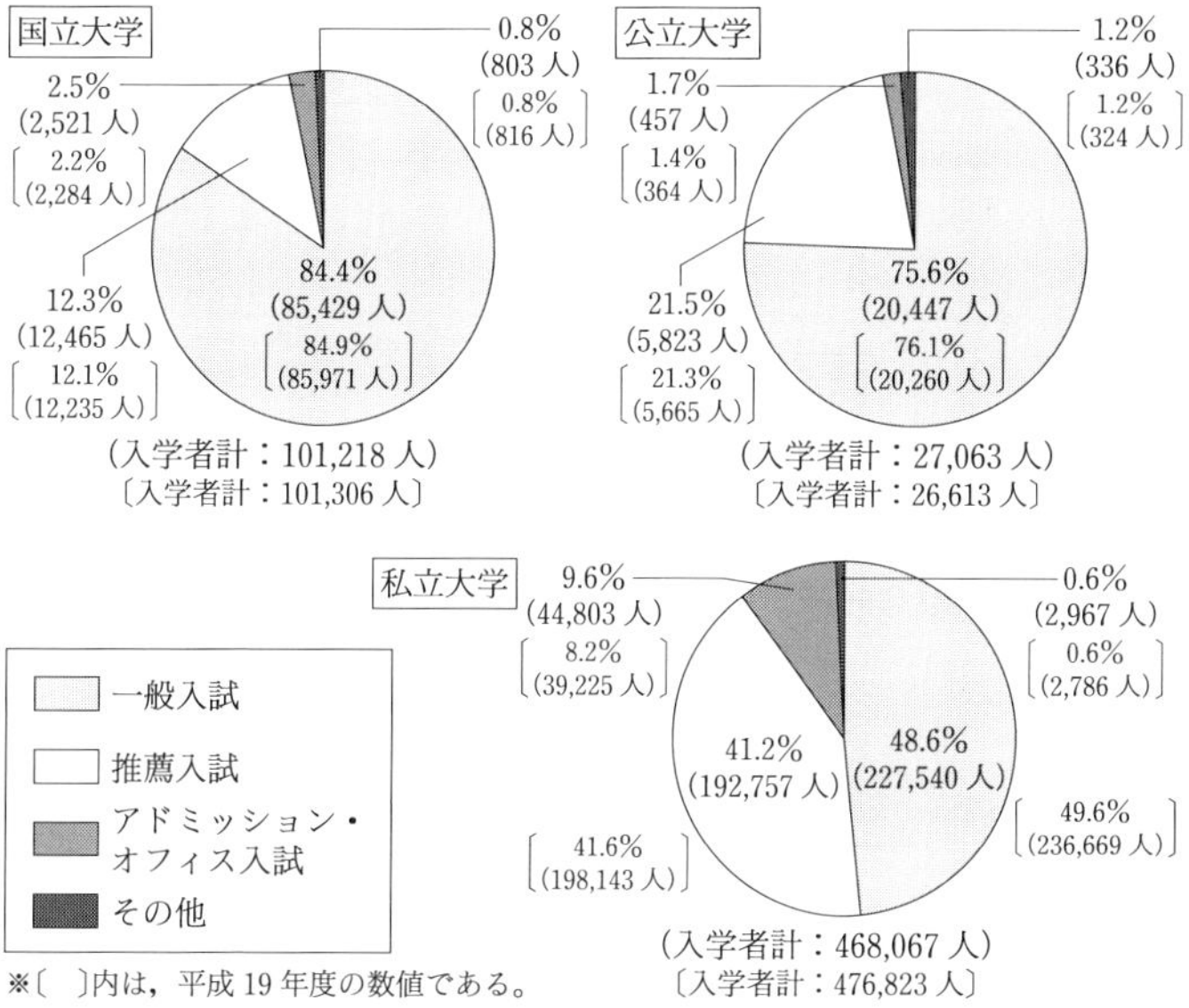

図 2　平成 20(2008)年度国公私立大学の入試方法別入学者の割合

(注)「その他」：専門高校・総合学科卒業生入試，社会人入試，帰国子女・中国引揚者等子女入試など。

文部科学省，中教審答申『学士課程教育の構築に向けて』より。

さらにセンター試験を課すことも行っています。しかし、一部の大学を除くと、それらの入試が「非学力選抜」と言われる入試になっていることは否めません。中教審『学士課程教育の構築に向けて』の資料によると、AO入試で六〇%を超える実施学部が、推薦入試でも五四・三%の学部が「入学者の基礎学力の担保」を課題としているのです。このため、答申は、「推薦入試やAO入試における外形的・客観的な基準が乏しく、事実上の学力不問となるなど、本来の趣旨と異なった運用がなされているのではないかとの懸念も示されている」[1]とまで述べています。

外形基準なしのＡＯ・推薦入試の問題点

ＡＯ入試・推薦入試は、かつて受験競争の激しかった時期に、学力入試一辺倒では、学生の資質・能力を多面的に測ることはできないとして導入され、その後進学率の上昇に対応して多様な能力を測る入試形態として推進されてきました。

このうち、ＡＯ入試はアメリカの入学者選抜制度に起源をもっています。アメリカではＳＡＴ（一九二六年にScholastic Aptitude Testとして開発、一九九四年にScholastic Assessment Testと名称変更、二〇〇五年からはSAT Reasoning Testと名称をさらに変更している）やＡＣＴ（一九五九年にAmerican College Testing Programとして開始、一九九六年からＡＣＴが正式名称となっている）など、テスト専門機関が実施する共通テストがあります。大学のアドミッションズ・オフィスは、このような共通テストの成績と推薦書や高校での成績などの書類、面接に基づいて応募者の資質、能力、個性、情熱などを総合的に判断して入学者の選抜を行います。だが、日本にそうした共通テスト――ＡＯ入試で客観的な学力達成度を見ることのできる――はありません。センター試験は、二月から三月に実施される学力入試の一環をなして一月に行われていて、試験の特質や時期から見てＡＯ入試や推薦入試の外形基準とはなりがたいのです。中教審答申が「外形的・客観的な基準が乏しく」と述べているのは、こうしたことに基づいています。その結果、選抜力のある大学を除けば、基礎学力を問わないままにＡＯ入試や推薦入試が行われる状況が生まれてきました。

ＡＯ入試、推薦入試などで選抜された学生は、「求められる学生像」など大学が発信する情報に自己の個性、資質、能力、情熱などを照らして応募します。それらの入試は学力入試とは異なり、大学と受験者が相互に情報把握を行っていることを前提とした入試と言えます。どのような職種に就くのか決まらないままに就職活動が行われ、採用する側も就職希望者の資質と能力を十分に把握しないままに採用を決定する日本の労働市場は「不完全情報労働市場」と言われます。そうした概念を利用すれば、学力入試は「不完全情報」型入試であるのに対して、ＡＯ入試や推薦入試は「完全情報」型入試と言えるでしょう。そこで、それらの入試によって選抜された学生については、入学後の大学での適応度が学力入試によって選抜された学生よりも本来は高くなると考えられます。

しかし、大学入試センター研究開発部の山村滋、鈴木規夫、濱中淳子、佐藤智美『学生の学習状況からみる高大接続問題』(独立行政法人大学入試センター研究開発部、二〇〇九年)や、それに基づいて山村滋・大学入試センター研究開発部准教授(当時)が第三回協議・研究委員会に招かれて行った研究報告によれば、ＡＯ入試による入学者の大学への適応度は、入試偏差値でランクづけした場合の下位ランクの大学では低くなっています。また、濱名篤・関西国際大学長が第六回協議・研究委員会で紹介した特定の私立大学を抽出しての調査によれば、ＡＯ入試、推薦入試、内部進学(大学の系列校などからの推薦に基づく選抜)など「非学力選抜」からの入学者は学力入試からの入学者よりも入学直後の成績が低く、大学不適応のリスクも高くなるとされています。学力把握を伴わない選抜が増加するとともに、本来は適応度が高くなるはずのＡＯ入試、推薦入試、内部進学などからの入学者に接続上の問題が生じているのです。こうして、アメリカのような外形基準を欠いて導入されたＡＯ入試など「学力不問」の入試は、大学教育に大きな圧力をもたらしているのです。

「大学全入時代」――「ユニヴァーサル段階」での大学入試の選抜力低下

ＡＯ・推薦入試など「非学力選抜」が基礎学力の担保なしに行われるのは、それもこの一〇年間増加している理由は、はっきりしています。少子化による一八歳人口の減少によって「大学全入」に近い状態が生まれ、選抜性の高くない大学では入学者の確保自体が難しくなっているからです。それが、私立大学でのＡＯ・推薦入試の導入を促しています。

文科省が作成している図3は進学状況の推移を総括的に表しているのでよく利用されるのですが、それを見ると、一九九二（平成四）年度入試のときに二〇五万人に達した一八歳人口が、その後単調減少して二〇〇八（平成二〇）年についに一二〇万人台にまで落ち込む一方で、大学・短大の志願者数に占める入学者数を表す「収容力」は、一九九〇（平成二）年の六五％弱から単調増加し、二〇〇八年に九一・九％にまで上昇しています。

アメリカの教育学者マーチン・トロウ（M. Trow）は、高等教育の発展段階を「エリート段階」、「マス段階」、「ユニヴァーサル段階」に分けています。エリート段階は、「支配階級に属する人々の精神や性格の形成機能をはたし、学生を行政や専門的職業など、多様なエリート役割にむけて準備する」ような、同年齢層の一五％を収容するまでの段階です。マス段階は、「高等教育機関は依然としてエリート養成を行うものの、そのエリートの範囲は拡大し、社会のあらゆる技術・経済組織体のリーダー層をふ

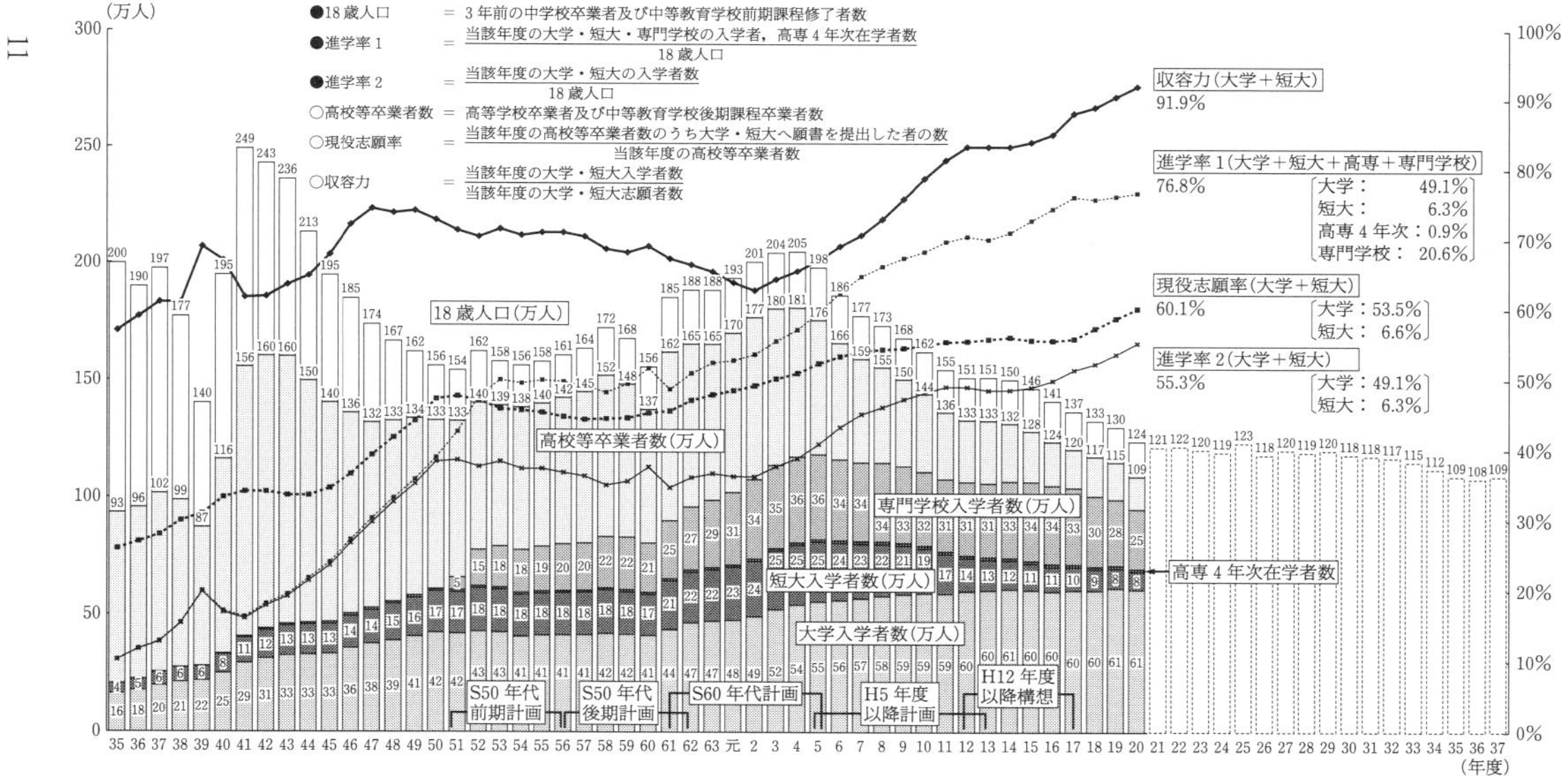

図 3　18 歳人口および高等教育機関への進学状況

文部科学省調べ(「学校基本調査」，「人口推計」(総務省統計局)などに基づいて作成)，中教審答申『学士課程教育の構築に向けて』より。

くむように」なり、「教育の重点も人間形成から、特定の専門分化した役割をはたすエリート養成」に置かれる段階です。一五%を超えてから五〇%に至るかなり幅広い進学率に対応します。その先にユニヴァーサル段階、つまり万人に進学の機会を提供し、「多数の学生に高度産業社会で生きるのに必要な準備をあたえる」段階があります。トロウは、そうした段階では、「高等教育機関は、広い意味でも狭い意味でも、エリート養成を主要な目的とすることをやめて、全国民を教育の対象とするようになり、その関心はなによりも、社会と経済の急激な変化に特徴づけられた社会が要求する適応性を、十分に与える教育に向けられるようになる」(2)と言います。

こうしたトロウの区分が日本に有効な尺度となるかどうかはあらためて検討することが必要ですが、この段階区分を意識しながら図3を見てみましょう。短大を含めた進学率で見れば一九六三(昭和三八)年からマス段階に、二〇〇四(平成一六)年からユニヴァーサル段階に到達しました。この間、一九七六(昭和五一)年から一九九〇(平成二)年にかけて大学・短大への進学率は低下し、これに高専および専門学校を加えた進学率は一九七八(昭和五三)年から一九八六(昭和六一)年にかけて停滞し、後に急速に上昇に向かっています。四年制大学だけをとれば、一九六九(昭和四四)年にマス段階に入りながらも四半世紀にわたって三〇%以下で推移してきた進学率は、少子化とともに急速に増加に転じます。そして、一九九四(平成六)年に三〇%を超えたところから一五年でユニヴァーサル段階に到達したのです。こうしたことから、二〇〇五(平成一七)年に出された中教審答申『我が国の高等教育の将来像』は、「全体規模の面のみからすれば、高等教育についての量的側面での需要はほぼ充足されてきており、ユニヴァーサル

段階の高等教育は既に実現しつつあると言うことができる」と述べたのでした。(3)

第二次ベビーブームのピークを迎えて高等教育機会の不足に直面したことから促進された大学定員の増加もあるのですが、少子化は進学動向に大きな影響を与えました。選抜性の高い大学から順次入学が行われると、選抜性の低い大学では志願者の減少と入学者の定員割れが生じます。二〇〇八(平成二〇)年度に国立大学と公立大学では志願倍率の減少は生じたものの定員割れは公立の二大学に生じただけだったのですが、図4に見るように、私立大学では大学数で四七%、二六九大学で定員割れが生じました。志願倍率の低い大学で定員充足が一〇〇%を割り、それらの大学はAO・推薦入試での入学者の確保を追求したと言えるのです。同じAO・推薦入試でも、国公私大の間、また私立大学でも選抜性の高い大学とそうでない大学では目的や性格が異なっていて、選抜性の低い私立大学に「非学力選抜」が多くなっているのです。

少数科目入試の拡大

AO入試や推薦入試の一部は基礎学力を欠いた選抜を象徴する結果になっていますが、「学力不問」の入試は、「非学力選抜」にのみあてはまるものではありません。学力を問うにしても、多くの大学で学力入試に課す教科・科目の数は減少しているのです。表3、図5と表4、図6は、協議・研究で行った入試科目の変化についての調査結果の一部ですが、それによれば、一九五六(昭和三一)年の私立大学の総募集人員五万九四五八人のうち、九五%の約五万七〇〇〇人には三教科以上の受験が課され、四教

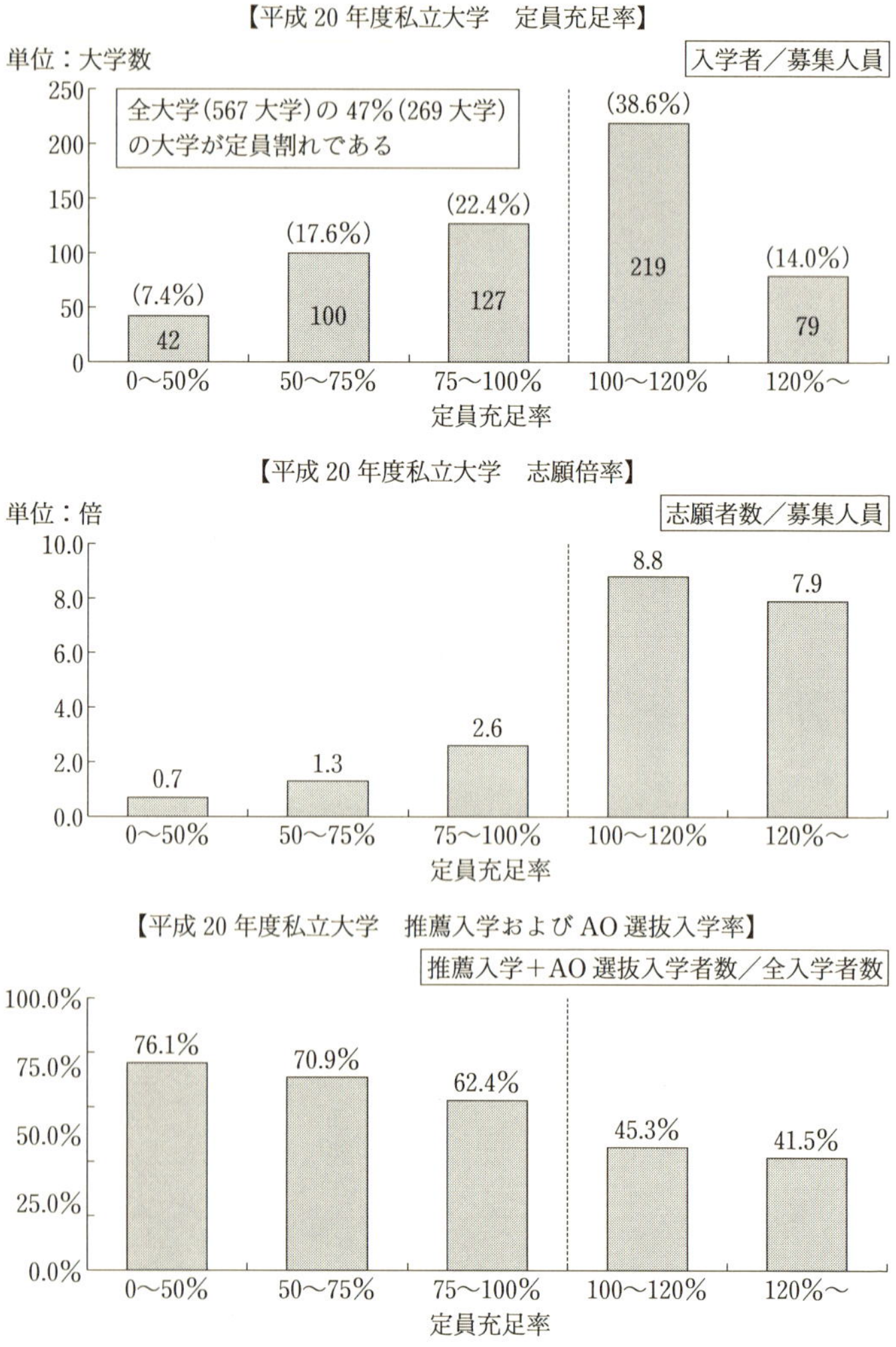

図 4　私立大学の平成 20 年度入試の状況

文部科学省大学入試室調べ。

表3　昭和31年度私立大学入試教科・科目数

受験科目数	大学名	募集単位数	募集人員
3教科3科目	46	296	30,500
4教科4科目	24	79	7,728
3教科4科目	12	41	5,850
3(4)教科4科目	2	18	2,680
4教科6科目	5	17	1,480
5教科5科目	9	18	1,420
5教科6科目	6	14	1,400
3教科5科目	4	8	1,340
2教科2科目	5	18	1,020
4教科4科目＋小論文	1	1	600
3教科3科目＋小論文	2	6	570
2教科2科目＋小論文	3	3	550
3教科3科目＋実技	5	7	520
5教科5科目＋進学適性検査	1	10	500
3教科3科目(2教科2科目＋実技)	2	3	500
3教科3科目＋文章による表現力の試験	1	1	450
5教科7科目	3	3	260
3教科5科目＋面接・身体検査	1	1	240
1教科1科目＋面接	2	4	240
3教科5科目＋小論文	1	3	160
3教科3科目＋進学適性検査	1	1	160
1次【進学適性検査(外国語)】：2次学力能力テスト	1	4	160
3教科3科目＋実技・身体検査	1	4	130
総合科目	1	3	120
4教科5科目	1	1	120
4教科4科目＋進学適性検査	1	1	120
4教科4科目＋実技・小論文	1	5	100
2教科2科目＋実技・知能検査	1	1	100
1教科1科目	1	2	100
4教科6科目＋小論文	1	1	80
3教科3科目＋面接・身体検査	1	1	80
4教科5科目＋面接・身体検査	1	1	50
2(3)教科3科目	1	1	40
2教科2科目＋小論文・聖書・常識テスト	1	1	35
4教科4科目＋小論文	1	1	30
2教科2科目＋実技	1	1	25
計			59,458

協議・研究報告書参考資料「募集形態からみる大学入学者選抜方法の変化」より。原資料は『蛍雪時代』1956年1月，旺文社。

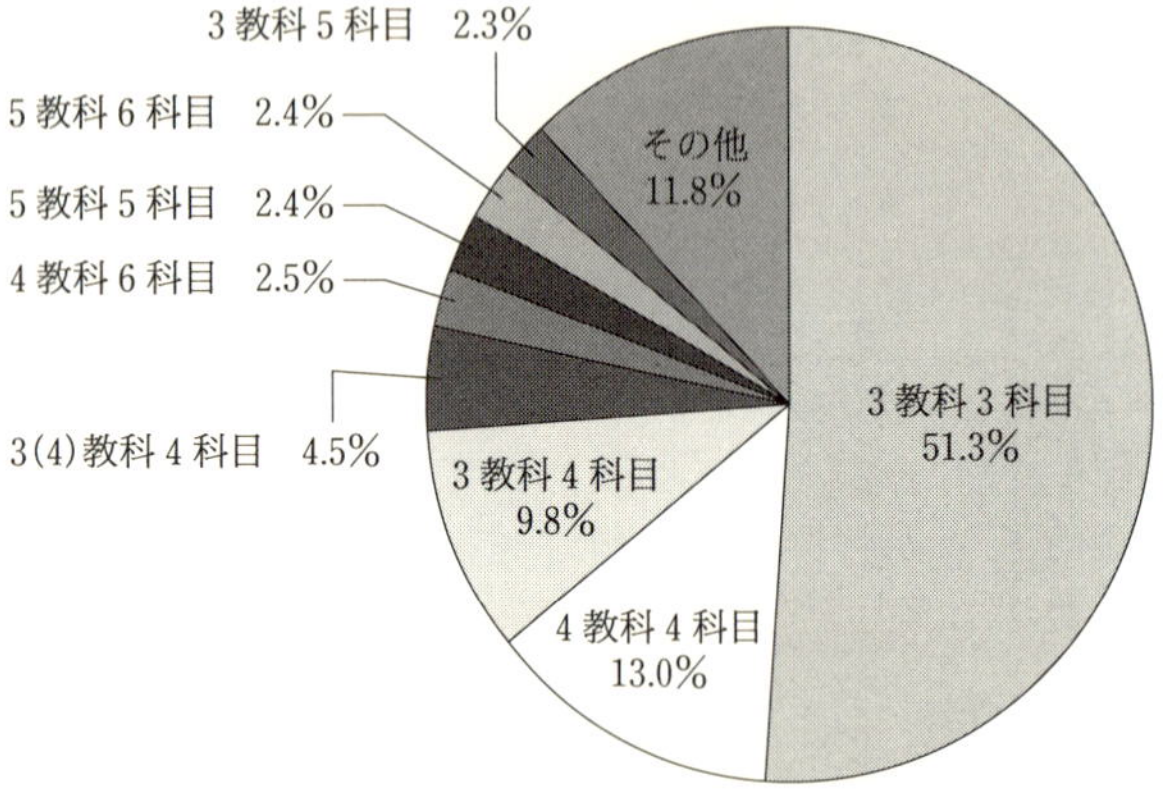

図 5　昭和 31 年度私立大学入試教科・科目数

表 3 より。

科入試も一七・三％、五教科入試も六・〇％を占めていました。だが、二〇〇九（平成二一）年度の私立大学入試ではセンター試験以外の学力入試が課された一七万七九一九人の募集人員のうち、三教科三科目を課す入試は四八・三％の八万六千人弱にとどまり、二教科二科目入試が二三・一％、一教科二科目ないし一科目入試が二五・七％も占めています。[4] しかも四教科以上を課す入試はほとんどなくなっています。

一九五六（昭和三一）年と二〇〇九（平成二一）年を比較するというのは、大学教育が果たす役割の半世紀にわたる歴史的変化を無視して過去と現在を比較することになりますから少なからず問題を含んでいるのですが、現在の少数科目入試が過去のそれとは異なることがわかるでしょう。少数科目入試には、その大学での専門教育に必要な能力・資質を重点的に測るという意味もあるのですが、

表 4　平成 21 年度私立大学入試教科・科目数

受験科目数	募集人員	
	人数	%
3 教科 3 科目	85,868	48.3%
2 教科 2 科目	41,102	23.1%
2 教科 2 科目あるいは 3 教科 3 科目	8,458	4.8%
1 教科 2 科目あるいは 2 教科 2 科目	6,287	3.5%
1 教科 1 科目	4,584	2.6%
2 教科 2 科目＋小論文	2,984	1.7%
2 教科 2 科目＋実技	2,626	1.5%
2 教科 2 科目＋面接	2,341	1.3%
2 教科 3 科目あるいは 3 教科 3 科目	2,062	1.2%
その他	21,607	12.1%
合計	177,919	100.0%

協議・研究報告書(2010)参考資料「募集形態からみる大学入学者選抜方法の変化」より。原資料は『国公私立大学ガイドブック平成 21 年度版』大学入試センター。

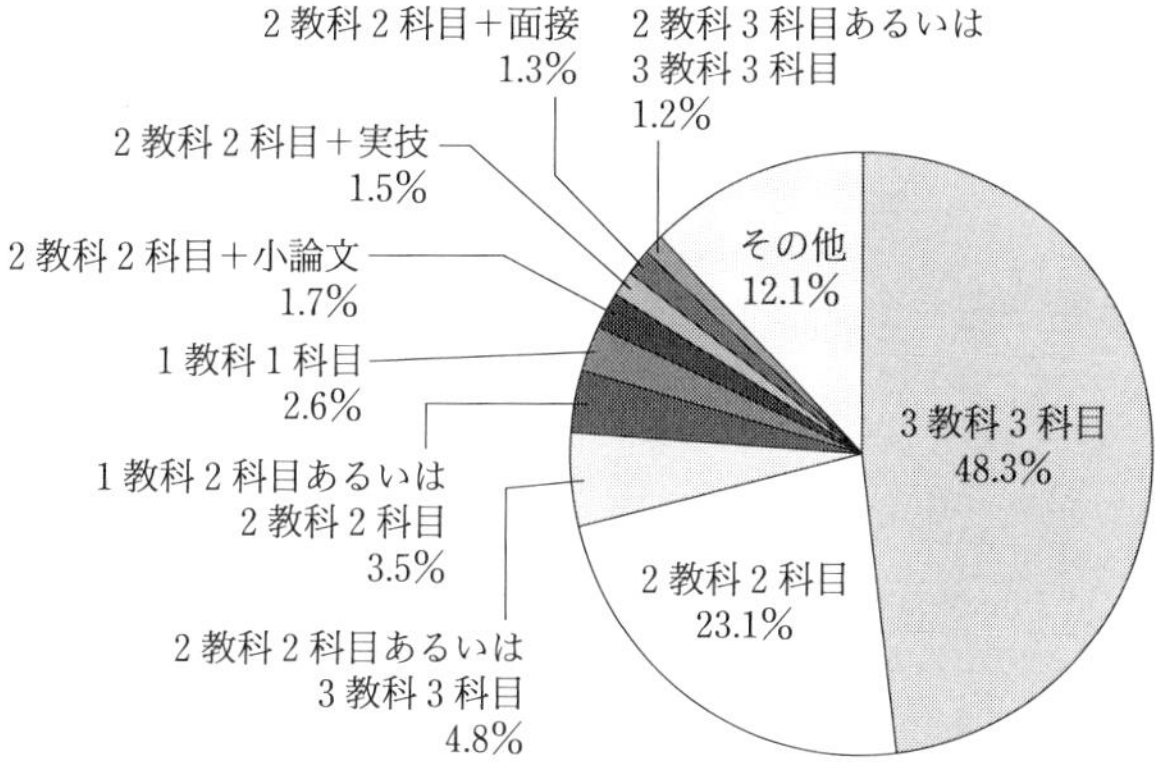

図 6　平成 21 年度私立大学入試教科・科目数

表 4 より。

他の教科・科目の学習がどこかで確保されない場合には、入試に課す教科・科目数の減少は大学での学習に必要な学力を測ることができないことにつながりますし、また大学進学をめざす高校生などの勉学の範囲を狭くする可能性をもっています。

このような少数科目入試の拡大もまた、「大学全入」段階での志願者・入学者をめぐる大学間の競争を契機としています。絶対王政国家が財政収入を確保するために貨幣に含まれている金含有量を落とすと、金含有量の多い良貨は退蔵されてしまい、少ない金しか含んでいない悪貨がもっぱら流通し回ります。「悪貨が良貨を駆逐する」でよく知られている「グレシャムの法則」です。それと同じように、志願者、入学者を確保するために入試科目を少なくしたり、いろんな入試を行ってどれでも受験できるようにしたりする大学が出てくると、他の大学でも同じような形態の入試を導入しがちになります。志願者が敬遠しがちな多科目入試が避けられ、入試の容易化が進展してきていると見ることができます。

このように言うと、私立大学でもセンター試験を利用しているのではないかという疑問が出されるかもしれません。表5は、二〇〇九(平成二一)年度の私立大学のセンター試験の利用状況をまとめたものです。それによると、私立大学では四万一八四四人をセンター試験のみで選抜していますが、国立大学が標準としている五(六)教科七科目を課しているのは一%もなく、三科目が四一・二四%、二科目が三一%を占め、センター試験と個別試験を組み合わせている五三一二人についてもセンター試験で五科目以上を課している募集人員は一〇%を下回っています。私立大学がセンター試験を利用していると言っても、国立大学、公立大学とは相当の違いがあるのです。

表 5-1　平成 21 年度私立大学センター試験利用入試
【センター試験のみ】

センター試験受験科目数	募集人員	
	人数	%
3 科目	17,256	41.2%
2 科目	12,968	31.0%
4 科目	3,939	9.4%
5 科目	1,615	3.9%
2 科目あるいは 3 科目	1,469	3.5%
3 科目あるいは 5 科目	1,228	2.9%
6 科目	872	2.1%
3 科目あるいは 4 科目	717	1.7%
1 科目	606	1.4%
その他	1,174	2.8%
計	41,844	100.0%

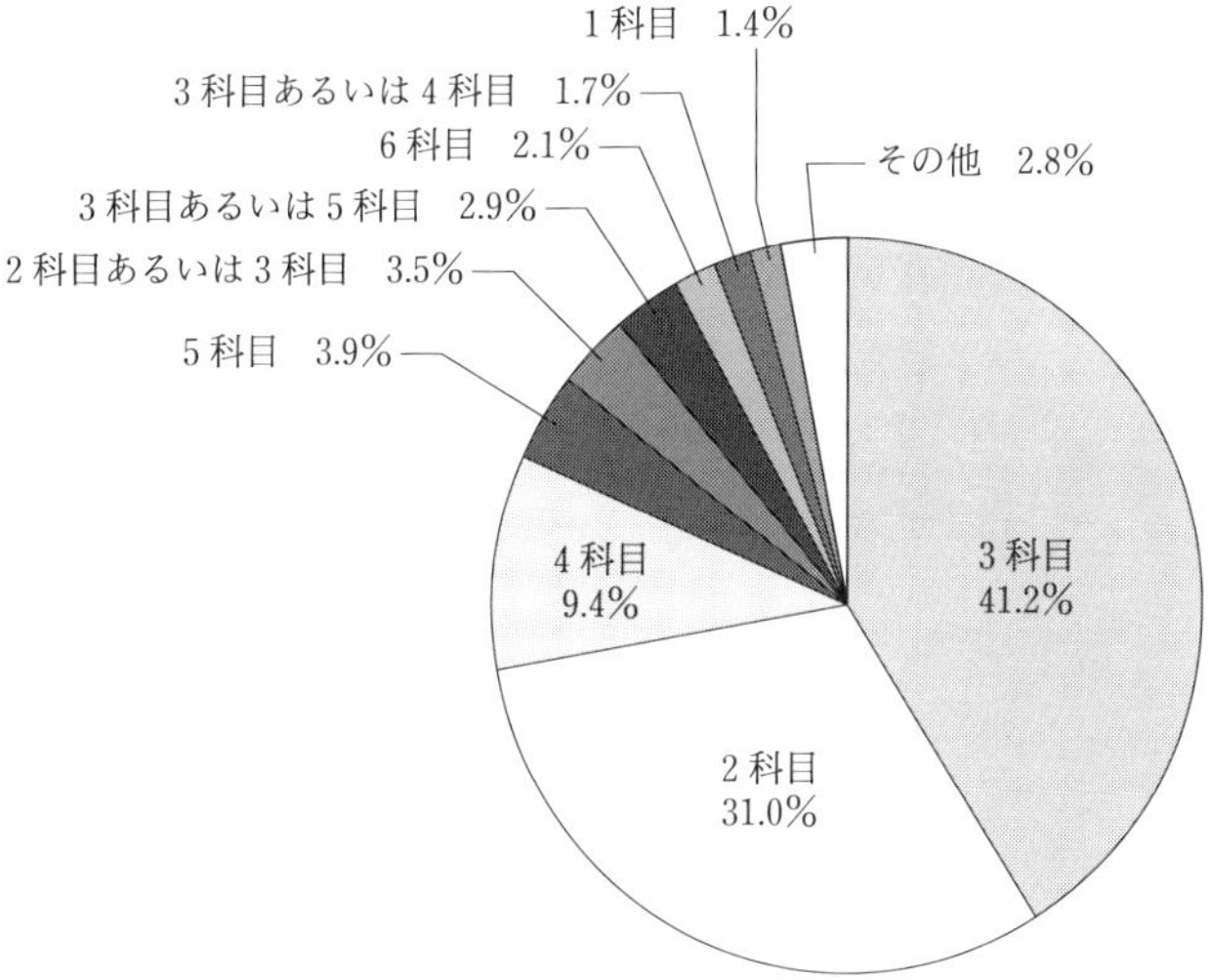

図 7　平成 21 年度私立大学センター試験利用入試【センター試験のみ】
表 5-1 より。

表 5-2　平成 21 年度私立大学センター試験利用入試【併用】

個別学力試験受験科目数	募集人員	
	人数	%
センター：2 科目　個別：1 教科 1 科目	938	17.66%
センター：1 科目　個別：2 教科 2 科目	604	11.37%
センター：2 科目　個別：2 教科 2 科目	597	11.24%
センター：1 科目　個別：1 教科 1 科目	389	7.32%
センター：2 科目　個別：実技	367	6.91%
センター：3 科目　個別：1 教科 1 科目	284	5.35%
センター：2 科目　個別：面接	271	5.10%
センター：6 科目　個別：3 教科 3 科目	200	3.77%
センター：3 科目　個別：2 教科 2 科目	173	3.26%
センター：3 科目　個別：3 教科 3 科目	163	3.07%
センター：3 科目　個別：面接	147	2.77%
センター：2 科目　個別：小論文	146	2.75%
センター：4 科目　個別：1 教科 1 科目	131	2.47%
センター：6 科目　個別：1 教科 1 科目	126	2.37%
センター：6 科目　個別：3 教科 4 科目 【学科試験合格者に対して】小論文＋面接	75	1.41%
センター：5 科目　個別：小論文＋面接	74	1.39%
センター：2 科目　個別：実技　小論文	67	1.26%
センター：3 科目　個別：小論文	58	1.09%
その他	502	9.45%
計	5,312	100.00%

その国立大学についても、志願者を集めたいということから一時期センター試験の教科・科目の数を減らす動きが出たことがあります。図8を見ればわかるように、二〇〇二(平成一四)年度前期日程試験では七科目を課す募集枠は六万二一五七人のうちわずか一三・五三%の八四一二人に落ち込んでいたのです。このような状況に対して、国大協第二常置委員会は、二〇〇〇(平成一二)年に「国立大学の入試改革――大学入試の大衆化を超えて」を提起し、国大協総会はこれを承認し、センター試験に「五(六)教科七科目」――「五(六)教科」という表現は「地理歴史」と「公民」を一くくりの教科

表 5-3　平成 21 年私立大学センター試験利用入試【併用】

大学入試センター試験受験科目数	募集人員	
2 科目	2,491	46.9%
1 科目	1,038	19.5%
3 科目	930	17.5%
6 科目	416	7.8%
4 科目	229	4.3%
5 科目	81	1.5%
1 科目あるいは 2 科目	57	1.1%
4 科目あるいは 7 科目	50	0.9%
7 科目	17	0.3%
2 科目あるいは 3 科目	3	0.1%
	5,312	100.0%

個別学力試験　受験科目数	募集人員
1 教科 1 科目	1,910
2 教科 2 科目	1,374
面接	556
実技	435
3 教科 3 科目	369
小論文	241
小論文＋面接	145
3 教科 4 科目【学科試験合格者に対して】小論文＋面接	75
実技あるいは小論文	67
1 教科 2 科目あるいは 2 教科 2 科目	40
1 教科 1 科目あるいは実技	31
実技＋面接	25
1 教科 1 科目＋小論文あるいは実技＋小論文	13
1 教科 1 科目あるいは実技あるいは小論文	10
1 教科 1 科目＋面接	10
1 教科 1 科目あるいは小論文	5
プレゼンテーション	4
1 教科 2 科目＋実技あるいは 2 教科 2 科目＋実技	2
計	5,312

【平成 14 年度前期日程大学センター試験科目数別募集人員】

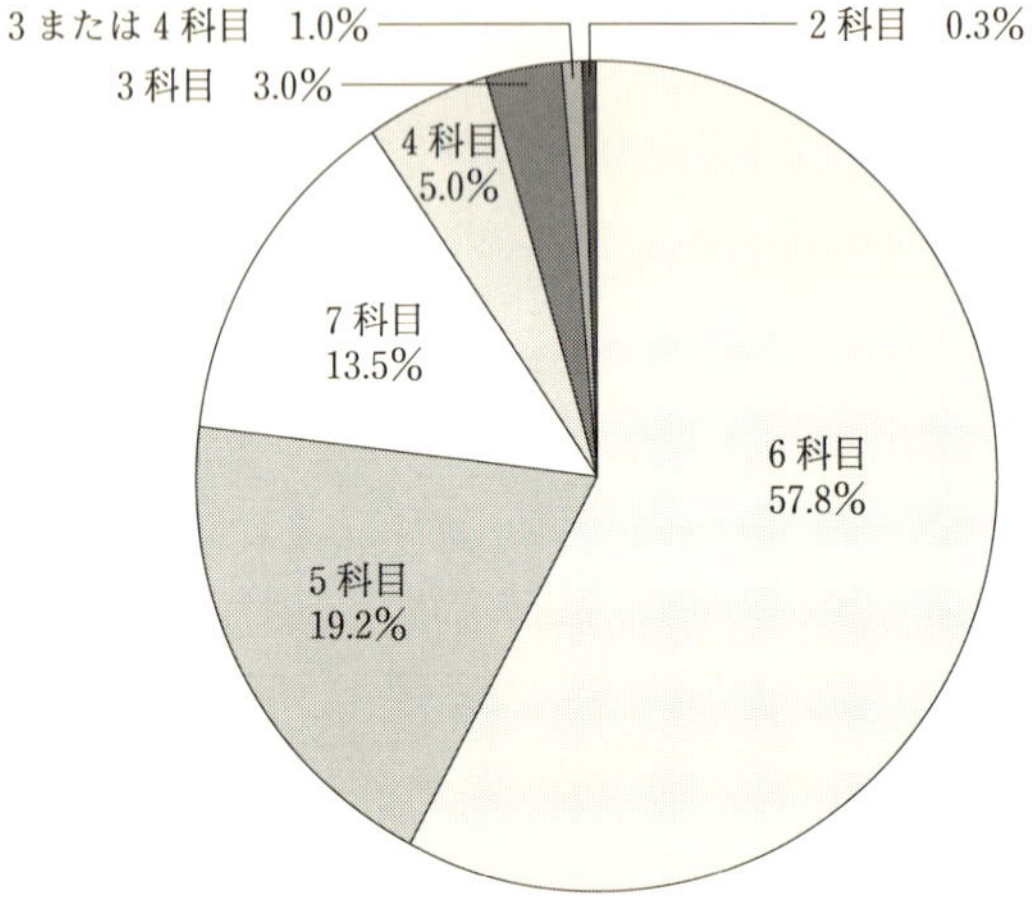

【平成 18 年度前期日程大学入試センター試験科目数別募集人員】

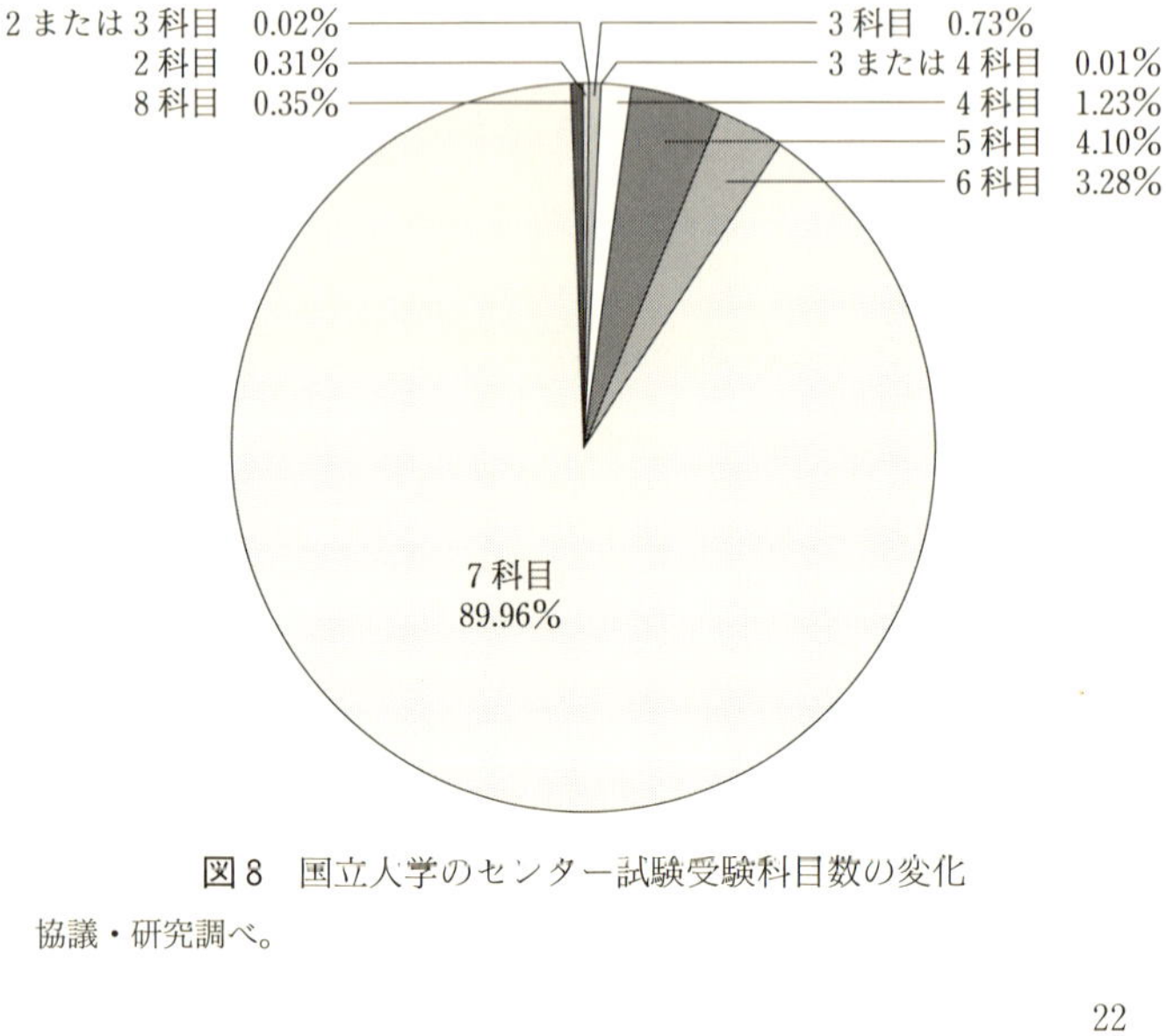

図 8　国立大学のセンター試験受験科目数の変化

協議・研究調べ。

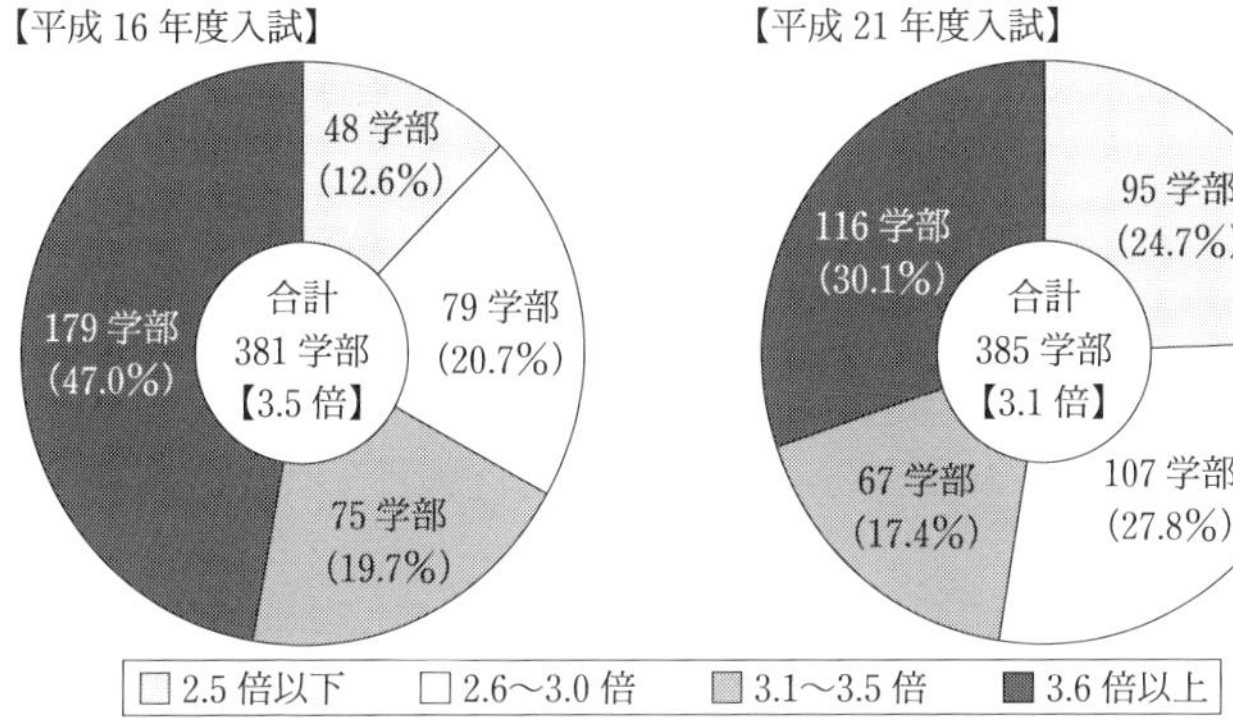

図9　国立大学前期日程試験の志願倍率

(注)「学部数」は，募集単位数である。
文部科学省大学入試室調べ。

として扱うことを意味します――を課すことを原則とします。その目的は、入試における学力把握機能を維持することにありました。幸い、その結果、国立大学がセンター試験に課す教科・科目数は増加しました。図8に見るように、二〇〇六(平成一八)年度では前期日程試験枠の六万一九五七人のうち九〇・三一%の五万五九五四人に七科目以上の受験を課すようになったのです。だが、こうした対応には限界が存在します。そもそも、国立・公立大学の募集人員は全募集人員の二五%をはるかに下回っています。国立大学や公立大学がセンター試験での「五(六)教科七科目」を維持したとしても、日本の大学入学者約六〇万人のうち一三万人弱をカバーするにすぎません。

それに加えて、国立大学でも志願倍率の低下とともに、いろんな問題が起きています。図9を見れば、二〇〇四(平成一六)年度からわずか五年間の間に志願倍率三倍以上の募集単位が半数を割り、志願倍率二・五倍以下の募集単位の比率が倍になっています。このように倍率が低下すると、後で詳しく述べますが学力検査の成績に基づいた合否判定が難しくなるという問題も生まれます。また、志願者を確保するために、少ない募集人員を配置する日程の試験で、センター試験だけで選抜するという大学も出てきました。これは、「センター試験で良い成績をとった者」がその大学の「求める学生像」だということを意味します。このような募集をした場合に、果たしてその大学・学部・学科にふさわしい学生が得られるでしょうか。受験生にもセンター試験の成績だけで志願先大学を決めるといった行動が出てきかねません。実際、そうした大学の文系の学部に他の日程で理系の学部を受験した者が入学するといった現象が見られるのです。大学入試の選抜機能の低下は、国立大学の一部にも高大接続上懸念される問題を生んでいます。

二　基礎的教科・科目の履修——教育上の高大接続に生まれた障害

高大接続の機能低下は、第二に、高校卒業が大学入学資格の取得を意味するにもかかわらず、教育上の高大接続に障害が生じていることです。大学での学習の基礎となる教科・科目を履修しないで大学に入学する状況が広く生まれ、その結果、大学での教養教育や専門教育に支障が生じているのです。特に理科教育について事態は深刻だと関係者は訴えています。日本学術会議の物理学研究連絡委員会は二〇〇〇(平成一二)年に『物理教育・理科教育の現状と提言』を発表したのですが、理科のすべての科目で履修者が減少していること、「高校レベルの体系的な理科」を履修している生徒は教科書の採択冊数から見て、最も多い化学で一七％、物理で一二％になっていることを指摘しています。数学Ⅲ、数学Ｃの教科書採択冊数も二〇％を下回る状態と言われます。今では、物理を履修しないで工学部に、生物を履修しないで医学系・生命系の学部に入学するのも例外とは言えなくなっています。

入試だけが問題ではない

大学に進学を希望する高校生が高校で基礎的教科・科目を普遍的に学ぶことがなくなった理由の一つに、ＡＯ・推薦入試と少数科目入試の拡大があることは確かなようです。日本の高大接続では、大学入試が高校生の勉学を規定してきたとの指摘がしばしばなされてきました。それは、大学入試が高校教育現場に圧迫をもたらし、通常の高校での授業だけでは追いつかない学習が高校生に課され、同時に高校も補習授業など通常の授業以外の教育を行わざるをえない状態を指示していました。

では、受験競争の緩和が生じたならどうなるでしょうか。ＡＯ・推薦入試や少数科目入試の拡大に見る大学入試の変化が生じたらどうなるでしょうか。大学入試に高校での勉学が規定されるとすれば、それらは高校教育への圧迫からの解放というよりも、高校での学習意欲の低下をもたらす可能性をもつでしょう。その意味では、大学側が非学力選抜や少数科目入試を導入してきたこと自体が教育上の高大接続に障害をもたらしてきたとも言えます。

しかし、高校での学習は入試だけに左右されているわけではありません。そのことを、少数科目入試の過去と現在から見てみることにしましょう。前掲の表３からわかるように一九五六（昭和三一）年に私立大学入学者の五〇％強が三教科三科目入試を経て入学していました。その頃、国公立大学の多くは今の国立大学のセンター試験利用と同様に五教科を入試に課していましたから、「私立の少数科目入試は以前からだ」と考える人も少なくないかもしれません。しかし、その頃の私立大学の少数科目入試には、「高校で普通教育がきちんと行われているのだから、大学入試では専門に必要な教科・科目の学力を見れば足りる」という理由がありました。学校教育法は高校卒業をもって大学入学資格を与えているわけですが、それを保障するように、高校段階で、義務教育から始まった普通教育(general education)が完成するという理念に基づく教育課程があったからです。

　ところが、現在では、高校で基礎的教科・科目を普遍的に学習するように教育課程は設計されていません。以前は、高校で入試に出ない教科・科目の学習をやっているから少数科目入試でも高大接続の役割を果たすことが可能だったとも言えます。しかし、現在では、高校段階で基礎的教科・科目を普遍的に学習させる教育課程はごく少数の高校でしか実施できていません。つまり、現在の少数科目入試は、かつてもっていた存在基盤を失っているのです。だからこそ、今、外形的・客観的基準を欠くAO・推薦入試や少数科目入試に依存して高大接続を図るのは極めて問題だということが明らかになりますし、同時に、今の高校教育で高大接続が図れるのかという別の問題が浮かび上がってきます。

「普通教育の完成」をめざした学習指導要領

日本の大学入学資格が戦後の学制改革以後高校での教育課程の修了によって与えられてきたこと、それが日本の高大接続の基本的要素をなしていることを前に述べました。学校教育法に定める大学入学資格は、事実上「大学入試受験資格」でしかなく、大学に進学するためには大学入試に合格する必要があり、不合格の場合には大学に進学できません。それでも、この要素によって学校制度の中での教育上の高大接続が明確に定められてきました。

高校を卒業することによって大学入学資格を授与されるという学校教育法の規定は、小学校から始まる普通教育が高校で完成され、そこから高等教育に接続がなされるという理念に基づいていました。戦後に制定された旧学校教育法の高校の章では教育目的を、「中学校における教育の基礎の上に、心身の発達に応じて、高等普通教育……を施すことを目的とする」と述べていたのです。ちなみに、「高等普通教育」という用語は、戦前の旧制高校での教育に使用されていたものでした。その後の改正によって現行法第五〇条では「高度な普通教育」を施すとなっていますが、旧規定は、高校の教育課程の修了は専門教育を含む高等教育に進む準備ができたという意味を含んだものだったのです。

そのような規定がなされた背景には、当時の状況がありました。『文部科学統計要覧』によれば、新学制に基づく高校は一年遅れの一九四八(昭和二三)年四月から入学者を受け入れますが、高校進学者は職業高校を含めて同一年齢人口約二二〇万人の三〇%以下の約六〇万人でした。今の四年制大学進学率よりも職業高校(今の専門高校)を含む高校進学率は低かったのです。当然、大学進学者は極めて少なく、同世代で四年制の大学に進学する者は五%程度の約一一万人程度(これに短大への入学者約二万二〇〇〇人が高等教育への進学者として加わる)でしかありませんでした。

学校教育法の大学入学資格者に関する規定は、高校での教育課程が高大接続にふさわしいものとなっていることを前提とします。ここに、国民的な教育課程上の高大接続という領域が存在します。日本では、「ナショナル・カリキュラム」とでも言うべきこの領域に高校学習指導要領が対応してきました。

戦後当初に自由度の高かった高校での教育課程は、その後高校学習指導要領によって定められるようになります。高校学習指導要領の変化を単位数などから追ったのが表6ですが、進学率が戦後に上昇していった一九六〇(昭和三五)年告示の学習指導要領——「団塊の世代」がこの指導要領に基づく教育課程の適用を受けます——では、普通教育の最終段階である全日制普通科高校の必履修単位数は六八単位、卒業までに修得させる単位数に占める必履修単位数の比率は八〇%でした。しかも、それまでも普通科高校では、学習指導要領の規定に関わりなく理科・社会についてそれぞれ三科目以上を網羅的に履修させる傾向が存在したのですが、一九六〇(昭和三五)年告示の学習指導要領では、その延長上に、社会必履修科目は「倫理・社会」、「政治・経済」、「世界史」、「日本史」、「地理」のすべて、同様に、理科の必履修科目は「物理」、「化学」、「生物」、「地学」のすべてとなっていました。基礎的教科・科目はほとんど履修させることになっていたのです。

文部省にとっては、大学入試は「普通教育の完成から高等教育へ」という接続理念を反映するものでなければなりませんでした。文部省は、一九四七(昭和二二)年に、入学者選抜方法における留意点として、①問題は教育的価値の高いものの組み合わせで、記憶の如何に左右されないこと、②教科目のなるべく広い分野にわたって取材され一教科目に偏しないこと、③客観性をますために各問題の形成を簡単にして多数出題すること、④採点基準が単純であって採点者の主観が入らないこと、を指摘しています。

さらに一九四九（昭和二四）年に文部省は、進学適性検査・学力検査・身体検査および調査書の成績を総合して入学者を判定するべきという「総合判定主義」を明らかにするとともに、(5)学力検査については「五教科の全部にわたって出題するか、あるいは一部の教科群を選択して出題するかは自由であるが、志願者の能力をあらゆる角度から検出する必要や、高等教育を受けようとするものが円満な一般教養をもたねばならないことから言っても、なるべくこの全教科群にわたって出題されることが望ましい」としていたのです。(6)

このような文部省の方針はその後も維持されます。文部省大学課が一九五八（昭和三三）年に出した『大学入学試験に関する調査』によると、当時の「入試要項」には五教科について実施することを記載した上で、「高等学校で教育する五教科全科目について出題するように定めたのは、高等学校の正常な教育を助長するようにするためであり、またできれば多くの教科を課することが、選抜方法としてより妥当性が高いとされているからである」と述べ、さらに「文科系だけの教科で試験を行うとか、理科系だけの教科で試験を行うようなことがないように留意することとしている」と述べています。(7)基礎的教科・科目の普遍的学習が高大接続に必要だという認識は、文部省の大学入試に対する態度の中にも明確に現れていました。

学習指導要領の変遷

1978(昭和53)年告示，1982年実施	1989(平成元)年告示，1994年実施	1999(平成11)年告示，2003年実施
80単位以上 男7科目(32単位) 女8科目(32単位)	80単位以上 11〜12科目(38単位)	74単位以上 13〜14科目(31単位)
○国語Ⅰ 4単位 ○現代社会4単位 ○数学Ⅰ 4単位 ○理科Ⅰ 4単位	○国語Ⅰ 4単位 ○世界史A 2単位もしくは世界史B 4単位から1科目 ○日本史A 2単位，日本史B 4単位，地理A 2単位，地理B 4単位のうちから1科目 ○現代社会4単位もしくは倫理2単位および政治・経済2単位 ○数学Ⅰ 4単位 ○①総合理科4単位，②物理ⅠA 2単位もしくは同B 4単位，③化学ⅠA 2単位もしくは同B 4単位，④生物ⅠA 2単位もしくは同B 4単位，⑤地学ⅠA 2単位もしくは同B 4単位，以上5区分から2区分にわたって2科目	○国語表現Ⅰ 2単位もしくは国語総合4単位から1科目 ○世界史A 2単位もしくは同B 4単位のうちから1科目 ○日本史A 2単位，日本史B 4単位，地理A 2単位，地理B 4単位のうちから1科目 ○現代社会4単位もしくは倫理2単位および政治・経済2単位 ○数学基礎2単位もしくは数学Ⅰ 3単位から1科目 ○理科基礎2単位，理科総合A 2単位，理科総合B 2単位，物理Ⅰ 3単位，化学Ⅰ 3単位，生物Ⅰ 3単位，地学Ⅰ 3単位のうちから理科基礎，理科総合A，同Bのいずれか1科目を含む2科目 ○オーラル・コミュニケーションⅠ 2単位もしくは英語Ⅰ 3単位から1科目

表6　普通科高等学校

	1956(昭和31)年実施	1960(昭和35)年告示，1963年実施	1970(昭和45)年告示，1973年実施
卒業単位数 うち普通科必修	85単位以上 10〜12科目(45〜61単位)	85単位以上 男17科目(68〜74単位) 女18科目(70〜76単位)	85単位以上 男11〜12科目(47単位) 女12〜13科目(47単位)
5(6)教科のうち必修科目	○国語(甲)9〜10単位 ○社会3〜5単位 ○日本史，世界史，人文地理(各3〜5単位)から2科目 ○数学Ｉ ○物理，化学，生物，地学(各3あるいは5単位)から2科目	○現代国語7単位 ○古典甲2単位もしくは古典乙Ｉ5単位から1科目 ○倫理・社会2単位 ○政治・経済2単位 ○日本史3単位 ○世界史A3単位もしくは世界史B4単位から1科目 ○地理A3単位もしくは同B4単位から1科目 ○数学Ｉ5単位 ○数学IIA4単位もしくは数学IIB5単位から1科目 ○物理A3単位もしくは同B5単位から1科目 ○化学A3単位もしくは同B4単位から1科目 ○生物4単位 ○地学2単位 ○英語A9単位，英語B15単位，ドイツ語15単位，フランス語15単位から1科目	○現代国語7単位 ○古典Ｉ甲2単位もしくは古典Ｉ乙5単位から1科目 ○倫理・社会2単位 ○政治・経済2単位 ○日本史3単位，世界史3単位，〈地理A3単位もしくは地理B3単位〉のうちから2科目 ○数学一般6単位もしくは数学Ｉ6単位から1科目 ○基礎理科6単位または〈物理Ｉ，化学Ｉ，生物Ｉ，地学Ｉ(各3単位)〉から2科目

高校における単位は，1年で週1時間の授業を1単位として考えればよい。

「普通教育の完成」の終焉

高校で普通教育が完成するという理念は、やがて社会の大きな変化の中で問題に直面します。図3を見れば、高校卒業者数が一九六〇年代前半に五〇%を超えているのがわかりますが、日本の経済発展と所得上昇の中で高校進学率が上昇します。一九六五(昭和四〇)年度に一一〇万を突破した高校卒業者数は、翌年には第一次ベビーブームもあって一五六万人に飛躍します。一九六〇年代末から七〇年代にかけて高校卒業者数自体は減少しますが、一八歳人口に対する高校卒業者の比率は上昇を続けます。文科省の別の調べでは、全日制と定時制を合わせた高校への進学率は一九五〇(昭和二五)年の四二・五%から上昇し、ついに一九七四(昭和四九)年に九〇%を超えます。高校は「義務教育の修了者のほとんどすべての者が学ぶ国民的教育機関(8)」となったのです。

このような変化は、普通科高校で高等普通教育を施すという従来の高校教育の位置づけを根底から揺るがすことになります。そこで打ち出されたのが「高校の多様化」と「教育課程の弾力化」でした。教育課程の弾力化については、一九六九(昭和四四)年の教育課程審議会答申の基本方針の中に盛り込まれ、それにしたがった一九七〇(昭和四五)年告示の学習指導要領から普通科必履修科目・単位数の減少や「数学一般」、「基礎理科」といった新科目が設けられます。その後、一九八九(平成元)年告示の学習指導要領からかなり大胆な教育課程の弾力化がなされます。この学習指導要領では、それ以前からの必履修の縮減を継承して必履修単位が三八単位、卒業単位数に占める必履修単位の比率も五〇%以下で、さらに地理歴史や理科に二単位科目が多く配置されて選択の幅が拡大します。それは、文部省が高校の国民的教育機関化を受けて、普通教育の完成という従来の高大接続を支えた理念を高校教育の目的からはずしたことを意味したと言えます。

一九八九(平成元)年告示の学習指導要領は高校関係者にとっても大きな衝撃を与えるものでしたが、大学関係者にはとりわけ大きな衝撃を与えました。一方では、高校卒業までに学習する内容が、「三割縮減」と言われるほどに減り、他方では、選択の幅の拡大のおかげで、従来は高校で学習してきたと考えていた教科・科目を勉強しないまま大学に進学するようになったのです。このときから大学では「リメディアル教育」という聞きなれない言葉が登場します。専門教育を受けるのに必要な高校段階での教科・科目の基本的な内容を、大学の正規の教育科目ではなく「補習科目」として開設しなければならなくなったのです。

さらに一九九九(平成一一)年告示の学習指導要領では、学校五日制(土曜休日)の導入がなされたにもかかわらず、「情報」や「総合的な学習の時間」が新たに設けられて、総単位数の中で一般の教科・科目の学習にあてる時間数が一層少なくなります。必履修単位は三一単位に、それが卒業単位数に占める比率も四二%弱に低下しました。再び「三割縮減」がなされたとも言われました。大学関係者の中では、「リメディアル教育の一般教育化」が始まったとも言われています。

国大協が二〇〇七(平成一九)年の「基本方針」の中で、国立大学の共通のアドミッション・ポリシーとして「基礎的教科・科目の普遍的履修」の必要性を強調し、進んで「高等学校における基礎的教科・科目の学習の達成度を把握する新たな仕組み」つまり達成度試験としての高大接続テストを提唱したのは、学校教育法の規定に依存しただけでは教育課程上の高大接続がもはや実現できないと考えたからでした。

教育課程弾力化が高大接続にもたらした結果――学力把握の入試への依存

教育課程の弾力化を体現する学習指導要領の改訂は、もっぱら高校進学率が上昇した結果生まれた「高校等の多様化」への対応など初等中等教育までのあり方に基づいて検討されたと言って過言ではないでしょう。大学入学資格としての高校卒業時の学力のあり方など高等教育との接続の視点からの検討は明確ではなかったのです。

このような方針が策定・実施された当時の高大接続は、図3に見るように大学収容力が一九八〇年代を通じて下がり続け、一九九〇(平成二)年に最低点に達するという状況にありました。昭和五〇年代の高等教育計画で四年制大学の設置が抑制されたのに対して第二次ベビーブームの反映で一八歳人口が一九八五(昭和六〇)年の一五六万人から一九九二(平成四)年の二〇五万人まで急増し、しかも進学希望者数も上昇したからです。受験競争が激化していました。ですから、教育課程を弾力化しても、進学を望む高校生は大学をめざして勉学に励みました。学習指導要領の改訂から、大学はリメディアル教育の導入などに迫られはしたのですが、大学入試の選抜機能は高い水準で維持されました。そのことによって、日本の高大接続は何とか保たれたとも言えます。

しかし、そのような改訂が、高校で普通教育が完成して大学に教育上の接続を図るという日本の高大接続のもう一つの要素を大きく揺るがし、日本の高大接続の変容をもたらしたのは言うまでもありません。高大接続のための学力維持が、高校教育の改革を通じてではなく、高校における「普通教育」の内容の変化に伴って、選抜機能を高めた大学入試に求められることになったからです。

では、大学が入試を通じて高校生に基礎的教科・科目の広い履修を求めれば接続の問題は解決するのでしょうか。大学が個別に入試を行って選抜するわが国の制度でそうした要請が実現するには一定の「受験競争」が必要でした。しかも、そうした広い履修を求めることができる大学は、国立大学と公立大学に限られていましたし、選抜性の高い大学がいくら多くの教科・科目を入試に出すといっても学習指導要領を無視することはできませんでした。大学が入試によって望ましい高大接続を実現するのには無理があったのです。

一時的に大学入試の選抜機能に依存した教育上の高大接続は遅かれ早かれ破綻する運命にありました。ユニヴァーサル段階あるいは「大学全入」段階では、受験者確保、入学者確保の競争が激化します。それに加えて、入試の多様化や評価尺度の多元化が進められてきたことから、すでに見たように、大学入試で広く高校での基礎的教科・科目の普遍的学習の成果を見ることは困難となります。言い換えれば、「普通教育の完成」の終焉は、大学入試の選抜機能に高大接続を深く依存させる結果をもたらし、大学入試の選抜機能の低下とともに日本の高大接続が機能不全に陥ることを準備したのでした。

三　日本型の高大接続機能を回復させるのは可能か

大学入試と学校制度上の高大接続という二つの要素からなる日本型高大接続は、大学入試が選抜機能を失い、高校教育の教育課程が「普通教育の完成」から離れることによって機能不全に陥りました。では、二つの要素は回復できるのでしょうか。

大学入試の選抜機能回復は可能か

第一に、大学入試を考えてみましょう。大学進学率をユニヴァーサル段階からマス段階あるいはエリート段階に戻すことはできません。人間社会が学習(learning)を通じて自己の資質を豊かにし、能力を高めていくことによって社会を一層発展させてきたことを考えるならば、大学進学率を過去の水準に戻すことは不可能であるばかりでなく、してはいけないことでしょう。

このことに関連して、「日本では大学をつくりすぎたのだ」という意見があります。少子化なのに大学が増えて、大学は志願者を集めるのに手段を選ばなくなり、大学に入る学生の学習水準は下がったのではないか、というわけです。表面的に言えばそうです。しかし、国際的に考えても、また社会的経済的発展経路を考えても、そうした考えには難点があります。図10と表7は、中教審答申『学士課程教育の構築に向けて』にあるものですが、日本の高等教育在学者が人口に占める比率は国際的に見て多くな

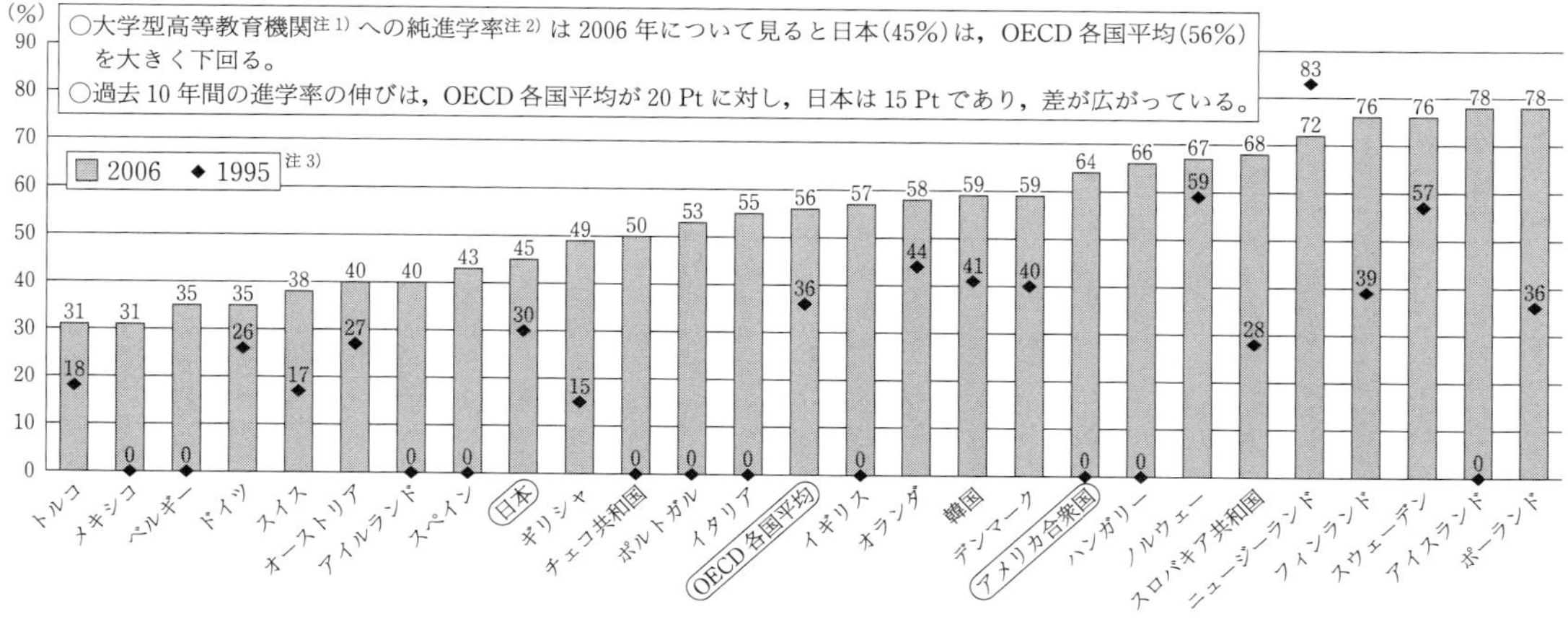

図10　大学進学率の国際比較

(注1)「大学型高等教育(ISCED5A)」とは，主として理論中心・研究準備型プログラムで，通算教育年数がフルタイム換算で3年間(一般的には4年以上が中心)のもの。ただし，ここでは，アメリカに関しては，非大学型に分類されるコミュニティーカレッジを含む。

(注2)「純進学率」とは，各該当年齢人口のうち，高等教育に進学する者の割合をあらわす。各年齢の純進学率は各高等教育機関に初めて入学した学生数を該当年齢人口で除し，100倍する。
日本は，純進学率が計上できないため，「大学学部入学者／18〜24歳の平均人口」により算出。

(注3) 1995年の数値が0%に位置する11カ国は，データが得られないため。

文部科学省，中教審答申『学士課程教育の構築に向けて』より。

表7　高等教育在学者の国際比較

区　分			アメリカ合衆国	イギリス	フランス	日　本
全高等教育機関在学者の人口比		1994年（平成6年）	人 31.3 (54.8)	人 19.7 (29.7)	人 36.5	人 23.7
		2004年（平成16年）	36.1 (58.8)	24.3 (41.7)	36.8	23.6
	うち，大学院在学者の人口比	1994年（平成6年）	人 3.72 (7.74)	人 2.23 (5.24)	人 3.65	人 1.11
		2004年（平成16年）	4.51 (8.48)	3.79 (9.00)	8.62	1.91
全高等教育機関学生数		1994年（平成6年）	千人 8,138 (14,279)	千人 1,153 (1,734)	千人 2,108.4	千人 2,965
		2004年（平成16年）	10,610 (17,272)	1,456.7 (2,494.3)	2,232.6	3,008
	うち，大学院学生数	1994年（平成6年）	人 969,070 (2,016,182)	人 130,000 (284,000)	人 210,763	人 138,752
		2004年（平成16年）	1,325,841 (2,491,414)	226,900 (538,400)	523,465	244,024
全　人　口		1994年（平成6年）	千人 260,341	千人 58,395	千人 57,779	千人 125,034
		2004年（平成16年）	293,655	59,846	60,704	127,687

（注）（　）内はパートタイム学生（フルタイム換算ではない）を含めた数値である。

※日本の在学者は，大学院，大学学部・専攻科・別科，短期大学本科・専攻科・別科および高等専門学校4，5学年の在学者

文部科学省，中教審答申『学士課程教育の構築に向けて』より

いどころか、経済水準などから考えると低いのです。答申は、「我が国の大学進学率は、他の先進諸国に比して高いとは言えず、ＯＥＣＤ〔経済協力開発機構〕諸国の中では下位に属するという分析もある」と指摘しています。二〇〇六（平成一八）年の日本の大学進学率四五％は、ＯＥＣＤ諸国の平均五六％を一〇％ポイントも下回っています。またよく知られているように、アジア諸国との比較でも、わが国の入学相当年齢人口に占める進学率は韓国、台湾よりも低くなっています。

日本は、「人的資源」あるいは人材育成によって社会発展を実現してきたと言われます。自然資源に乏しく、資本蓄積も高くなかった日本が明治以後の近代化と戦後の成長をどうして実現したのか、このことは長く欧米の経済学徒にとっては謎でした。外国では、「政府ぐるみの日本株式会社が不公正な産業振興や貿易政策をとってきたからではないか」とまで言われました。しかし、その後、「人は単なる労働力ではなく、技術や熟練を身につけることによって資本と同じ機能をもつ」、あるいは「生産性の上昇や技術革新は、単なる労働ではない人間の学習に基づいている」という考えが経済学の中に生まれ、日本の成長の基本的動因は産業政策や保護政策ではなく人材育成に求められるようになりました。

知識の蓄積と応用が社会発展を決定するという見方は、情報通信革命の進展とともに広がり、一九九一年にロバート・ライシュが高い知識を身につけた「シンボリック・アナリスト」に着目し、二〇〇一年にドラッカーは「知識社会」こそが「来たるべき社会(next society)」だと述べます。二〇〇五（平成一七）年の中教審答申『我が国の高等教育の将来像』が、現代を知識基盤社会(knowledge-based society)として描いたのも、こうした考え方の延長上にあります。(9)

二一世紀が知識基盤社会であると考えれば、また日本の発展が著しく人材育成に依存しているとすれば、現在の日本の大学収容力は決して高くなく、むしろ低いとさえ言えるかもしれません。そこで問題は、大学の入学定員が一八歳人口に比して多すぎるのか否かではなく、進学率が上昇するグローバルな知識基盤社会の中で、それに相応する高大接続が構築され、豊かな高等教育と人材育成を達成できるかどうかにあるのです。日本の大学進学率や大学在学者の人口に対する比率は決して多いとは言えないにもかかわらず、高大接続に機能不全が起きて、大学教育に大きな障害が生まれていることが問題なのです。

では、どのようにして高大接続の機能を再構築したらよいでしょうか。少子化、進学率上昇を前提とするならば、従来のような個別大学が行う大学入試に依存した高大接続は持続可能ではありません。特定の選抜性の高い大学だけが何とか入試での学力把握が可能となるような状況も望ましいものではありませんし、選抜性の高い大学でも基礎的教科・科目をエリート段階やマス段階初期のように入試に課すことはできなくなっています。日本型の高大接続の第一の要素を元に戻すことは不可能なのです。

高校での教育課程を元に戻すのは可能か

第二の要素はどうでしょうか。また基礎的教科・科目の普遍的学習に基づいて「普通教育の完成」を実現するような国民的な教育課程(ナショナル・カリキュラム)を再構築し、学校教育法にある大学入学資格を実質化することが可能でしょうか。

この道もまた大きな問題を抱えていることはすでに明らかです。学校教育法が制定された一九四七(昭和二二)年当時とはまるで異なる中等教育の状況があるからです。前に触れましたが、一九七四(昭和四九)年に高校進学率が九〇%を超えて、高校は「国民的教育機関」となっています。普通科高校に所属する高校生の比率は、一九五〇年代や六〇年代に比して大きく増加して七〇%強を占めるようになっていますが、かつてのような「高等普通教育」をそれら普通科高校で実現するのは極めて困難になっています。文部省が一九七〇(昭和四五)年告示の高校学習指導要領から進めてきた「教育課程の弾力的編成」は現実的基盤をもっているのです。

また、高校は、高校進学率が九〇%を超えた段階で「中高接続」という問題に直面してきました。高校も大学と同様に入試を行って入学者を選抜するのですが、大学と同じように定員を埋めるように選抜するところから、「進学校」はともかく、それよりも多様な学力をもつ生徒が入学する高校では、高校での教育課程への接続が困難になっています。二〇〇九(平成二一)年告示の高校学習指導要領は、このため「義務教育段階での学習内容の確実な定着を図る」ことを掲げています。たとえば、「義務教育段階での学習内容の確実な定着を図ることを目標とした学校設置科目等を履修させた後に、必履修教科・科目を履修させるようにする」ことが指示されています。

かつての「普通教育の完成」を支えた高校での教育課程をただ単に再構築するというのは、こうした状況では不可能と言っていいでしょう。確かに、一部の進学校では可能かもしれませんが、そのような進学校に在籍するのは一部の高校生だけにすぎず、大学には高校生の半ば以上が、わけても普通科高校では六〇%を超える生徒が大学に進学しているのです。

このように見てくると、かつてのような日本型高大接続の機能を回復させるのは不可能であることが明らかとなります。それでは、どのようにして適切な高大接続を実現したらよいのでしょうか。次章ではそのことを述べることにします。

（1）　中教審(二〇〇八)、第二章第三節。
（2）　トロウ(一九七六)、六五頁。
（3）　中教審(二〇〇五)、九頁。
（4）　二教科と三教科あるいは二科目と三科目の選択や一〜二科目と実技、面接の組み合わせなどは含まない。
（5）　総合判定が学力検査、身体検査、調査書などを総合するというだけの意味で使用されるとすれば、総合判定主義は戦前からの伝統的な選抜原理であったと言える。しかし、アメリカの選抜で用いられていた進学適性検査が加わることは、総合判定に語義転換をもたらす。進学適性検査の起源は戦争末期の「資質検査」の導入にあり、さらに米国第一次教育使節団の勧告など占領軍の要請に基づいて戦後の進学適性検査が開始されたことを黒羽(二〇〇二)は指摘している(二二八―二三〇頁)。その後、「進適」は廃止されるが、そこでもまた総合判定主義に語義転換が生じる。その段階から、学力検査に偏らない選抜原理が強調されることになるからである。なお、現在では身体検査は判定資料とはしないことになっている。ここにも語義転換の契機が存在する。「総合判定主義」を選抜原理として把握する際には、こうした点への留意が必要である。
（6）　一九四七(昭和二二)年、一九四九(昭和二四)年の文部省の方針については、先﨑(二〇一〇)、七三―七四頁。

（7）文部省（一九五八）、二二―二三頁。

（8）中教審（一九九一）。

（9）Reich (1991), Drucker (2001), 中教審（二〇〇五）。

第2章　日本型高大接続の転換のために——何が問題なのか

大学入試の選抜機能と普通教育の達成を二つの要素としてきた日本型の高大接続は、機能不全に陥り、しかも元に戻すことが困難になっています。高大接続の全体を構造的に転換するしかありません。では、どのようにして転換を図るべきか。そのためには、まず高大接続という教育課題の独自性を踏まえ、さらに現在の高大接続の機能不全をもたらしている諸領域に何が必要かを検討する必要があります。そこから自ずと日本型高大接続をどの方向に転換するかが見えてきます。

一　高校と大学の接続という課題

日本に限らずどの国でも、ある段階の学校をとれば前段階の学校の課程修了・卒業が入学資格となっていて、小学校から大学に至るまで学校制度が下から積み上がっているように見えます。

しかし、それは「見える」だけであって、異なるレベルの学校間の接続はそうやさしいものではありません。歴史的に見ると、学校制度を構成する各レベルの学校は、「積み上がる」どころかそれぞれ別個につくられてきました。学校制度のモデルとなったヨーロッパを見るとそれがよくわかります。大学は、聖職者、法学者、医学者、教育にあたる修士などを育てるために中世盛期以降に設立され、今日の中等教育を担うイギリスのグラマー・スクールは一四世紀から、パブリック・スクールは一五世紀から、そしてフランスの各種の上級コレージュは一六世紀から設立されました。いずれも支配層や上層市民の子弟を教育するためのものでした。義務教育は一七世紀以後にドイツに萌芽的に現れますが、ヨーロッパ全体に普及したのは一九世紀に入ってからでした。現在体系的に制度化されている各段階の学校は必ずしも接続を前提とせずに、しかも高等教育機関から初等中等教育機関への、いわば「下に向かって」つくられてきたのです。ですから、各国は各段階の学校の接続を図ることなしに近代の学校制度を構築し、国民的教育制度を整備することはできませんでした。

高大接続は、このような近代の学校制度を構築するときからの課題でしたが、初等教育から中等教育へと国民的な教育制度を体系化するのとは異なる独自性をもっていました。というのは、初等の義務教育から国民的な教育課程を積み上げる方向と、エリートを養成する大学の使命に対応した中等教育の整備を考える方向、この二つの方向をどのように接続して制度化を果たすのかという問題があるからです。

明治維新の後、一八七二(明治五)年の「学制」をもって近代的な学校制度を一挙に構築しようとした日本でもこのことが問題となります。天野郁夫『試験の社会史』は、長い歴史の中で各段階の学校がそれぞれに設立されたヨーロッパと少し事情は違うにしても、日本にも「大学を中心に発達してきた学校系統と、小学校から発達した学校系統の二つの部分」があり、「この二つの系統の接続、連絡がうまくいっていない」という問題が存在したことを指摘しています。(1)「学制」は全国に小、中、大学を体系的に配置しようとしたのですが、その構想にはなかった「高等中学校」が、後には「高等学校」、「大学予科」が「二つの系統」の接続を図るために設立されます。そして、それらの中等教育と大学をつなぐ旧制高校などの学校は、厳しい入学試験を課すことになります。

今の高大接続が直面する課題は当然のことながら近代の学校制度確立の頃とは違っています。高校は国民的教育機関となり、大学はユニヴァーサル段階にあります。しかし、それでも高大接続が義務教育からの学校の積み上げだけでできないことに変わりはありません。大学は、高等教育や先端研究が国際化、グローバル化し競争的環境が大きく変化する中で、国際的に見て確かな教育研究の成果をあげることを求められているのです。そしてまた、それなしには日本の社会発展は到底ありえないのです。

では、日本型高大接続が機能を失っている段階で、現在の大学の使命と高校教育の状況に対応した適切な高大接続を実現する鍵はどこに求められるでしょうか。

二　教育上の高大接続のための学力把握の必要性

大学入試の選抜機能の低下と高校での教育課程の弾力化――日本型高大接続の二つの要素に生じたこ

れらの問題は、それぞれに、あるいは相互の影響を通じて高大接続に必要な学力確保の困難をもたらし、そこから高大接続の機能不全が生じました。では、学力確保をどのようにして実現したらよいのでしょうか。

高大接続の二つの側面――教育上の接続と選抜

日本型の高大接続が二つの要素から構成されていることはすでに述べましたが、実は、この二つの要素は、どの国の学校制度でも高大接続に内在する二つの側面から生じています。

第一に、高大接続は、高校から大学へという学校制度上の連続関係をもちます。より具体的に言えば、高校までの教育で学習する内容と水準があり、それを受けて大学での教育が可能となります。ここに、教育という観点から捉えられる高大接続の側面が存在します。そして、第二に、このような教育上の接続を踏まえた上で、個々の大学に希望者が進学する際に、志願者が進学を希望する大学に応募し、大学がそれぞれの教育研究上の使命から適切な入学者を選抜するという側面が存在します(2)。

教育上の接続では、大学に接続するのに必要な高校段階教育の達成水準の確保が必要となります。そして、適切な高大接続を実現するには、接続に必要な教育の達成水準あるいは一定の学力の達成度がどこかで把握されなければなりません。どのように立派な教育課程や学習の達成基準をもっていても、学力の達成度を把握することができなければ、学力の確保は画餅に帰してしまうからです。では、どのようにして高大接続に必要な学力達成度を測るべきでしょうか。

入試に依存した学力把握は適切か

学力の達成度を測る――この課題は、日本型高大接続の中では大学入試に負わされてきました。もちろん、高校への進学率がまだ低かった頃には、そして高校での教育課程が進学率上昇とともに弾力化される前には、高校を卒業すること自体が一定の学力をもつことを証明しました。しかし、前の章で述べたように、高校が国民的教育機関となり、教育課程の弾力化が行われて以後は、大学入試が高大接続に必要な学力把握を果たす機能を引き受けてきました。

しかし、大学がそれぞれに行う入試が高大接続に必要な学力把握にふさわしいと言えるでしょうか。よくよく考えてみると、個別の大学が選抜のために行う入試の学力検査は、高校から大学への教育上の接続を担保する学力把握とは相当異なる性格をもちます。

というのは、大学が行う選抜のための学力試験は、前に見たように少数科目入試はもちろんのこと、どの形態の入試でも、募集している学部・学科などでの勉学に必要な教科・科目について試験をしているのであって、高校段階での学習の達成度を一般的に測るものとはなっていないからです。だからこそ、大学の入試科目によって高校教育の現場が左右される、つまり「入試に出ない教科・科目の勉学はおろそかになる」という批判が常に高校から出るのです。

では、すべての大学が現在の国立大学のようにセンター試験で五(六)教科七科目を課すようにしたら解決されるのかというとそうではありません。選抜のための大学入試は、高大接続に必要な学力を測るのではなく、募集定員を上回る志願者から定員分の入学者を選抜するために行われています。戦後最も早く入試を取り上げて研究した清水義弘は、「選抜制度は、……内容はともかく一定の条件や規格にかなうものだけを残し、そのほかは機械的にふるい落とす装置にすぎなくなる、というよりもそのようにならざるをえない」とし、「入学試験が落第試験といわれるのは、この事情をよく伝えている」と述べたことがあります。(3) 簡単に言えば、大学入試とは、入学させたい学生を合格させるための試験ではなく、定員からはみでる志願者を落とすことによって選抜を実現するための「落第試験」なのです。そして、センター試験といえどもそうした選抜のための利用を目的としていることを忘れてはなりません。

大学入試で行う学力検査が教育上の高大接続に必要な学力把握と違う点は他にもあるのですが、今見たようなことを考えただけでも、大学入試をもって高大接続に必要な学力把握とするならば、「大学に進学するのに必要な学力とは入試に合格する学力だ」ということになります。それは、教育上必要な高大接続を選抜と同義に置くことを意味します。また、選抜制度としての入試が高校教育を直接間接に強く規定することを意味します。高大接続を、適切な教育上の、つまり一定の教育課程の修了を踏まえた二つの学校段階の連続と考えるならば、教育上の接続に必要な学力把握を大学入試に依存するのは、転倒以外の何ものでもありません。

共通の学力把握——教育上の高大接続の仕組みの必要性

高校から大学という次の段階に進むために必要な学力の達成水準を測る、そのことを欧米諸国では、当たり前のように共通テスト・試験によって行ってきました。日本と同様に、義務教育から始まる学校制度が国民的に共通の教育課程(ナショナル・カリキュラム)によって実施されている欧州では、高校卒業年次やそれまでの複数年次に全国一斉の学力試験が行われ、合格者には高校卒業資格と同時に大学入学資格が与えられています。(4) 原型はフランス革命後のナポレオン学制にあり、フランスのバカロレア(baccalauréat)がリセ(lycée)と言われる高校の卒業資格と大学入学資格を与えているのはよく知られています。同様に、ドイツではアビトゥア(Abitur)と言われる試験の合格がギムナジウムの卒業資格と大学入学資格を与え、イギリスではGCE(General Certificate of Education)のAレベルの試験が大学進学の前提とされます。(5) イタリアやフィンランドなど多くの国にも同じような共通試験があります。そして、資格試験である限り、それらは大学進学に必要な学力の達成度を測る試験という性格をもっています。試験は年一回の場合もあれば、複数回実施されて複数回受験できる場合もあります。(6)

アメリカには連邦全体にわたる単一の学校制度や国民的教育課程はありません。ですから高校卒業と無関係に大学に進学することもあります。当然、大学入学資格も規定されていません。その点では、日本やヨーロッパとはかなり違うと言えます。しかし、大学教育への接続に必要な高校段階での学力把握が、前に触れたようにSATやACTといったテスト専門機関が作成して実施する共通テストによって行われ、それらの成績をもとにして進学の際の選抜が行われています。(7) このうち、SATは、当初は進学適性試験として始まり、集団準拠型テスト(norm-referenced test)の代表とも見られたのですが、高校段階でのカリキュラムをベースにした目標準拠型テスト(criterion-referenced test)と言われるACTと同じように、現在では学力達成度を一定の学習目標に照らして把握するテストとしての性格を強くしていると言われます。大学によっていずれかまたは双方を利用し、州によってどちらのテストが優勢かは異なりますが、高校でもどちらかまたは双方を受験するようになっています。大学に進学を希望する高校生は、これらのテストを受験して、そのスコアを高校の成績であるGPA（Grade Point Average）を記載した書類や推薦書、エッセイなどと合わせて進学を希望する大学に提出しています。また、これら二つのテストを比較し、換算することも行われています。

ヨーロッパとアメリカの共通試験・テストは、論述式か多肢選択方式（マーク・センス方式に見るようにいくつかの回答から正答を選択する方式）という違いはあるのですが、いずれにせよ高大接続のための共通の学力把握の仕組みとなっています。しかし、日本では、こうした共通の学力把握は行われていません。学校教育法は、高校卒業をもって大学入学資格を与えているのですが、高校卒業に限らず学校卒業について学校教育法は定めておらず、学校長の権限で課程修了なり卒業が認定されています。課程修了の認定は、学校内での試験とその学校による評価に基づいてなされています。

このように言うと、大学入試センター試験があるのではないかと言う人もいるでしょうが、センター試験の目的は、あくまでもセンター試験利用大学が個別に入学者を選抜するための資料提供にあり、高校段階での学力把握自体のためにあるわけではありません。しかし、今、日本の高大接続に必要とされているのは、高校段階での学力の達成度を測る仕組みなのです。

日本型高大接続には本来教育上の接続に必要な学力把握の仕組みが欠けている――それは、教育上の接続のための学習の達成度評価を個々の大学が行う入試に委ねていた日本型高大接続の構造によってもたらされました。しかし、教育上の接続に必要な高校段階での学習の達成度評価を大学入試に委ねるのは、今見たように合理的とは言えませんし、何よりも機能もしなくなっています。日本型高大接続は、高校段階での学習の達成度を測る試験・テスト――高大接続テストの導入を軸に転換されるべき時を迎えているのです。

三　日本型大学入試の転換の必要性

日本型高大接続では、共通の学力把握の仕組みがなく、大学入試に学力把握を依存してきたわけですが、それはまた高大接続の第二の側面の日本的なあり方と密接な関係をもってきました。教育上の高大接続に必要な共通の達成度試験を欠くことと結びついて、大学は個別に学力試験を行い、そこで受験生の学力把握を行うと同時に、その成績を中心に選抜を行ってきたのです。そうした選抜のあり方が、学力試験を、「入学者の能力を見て合格させる試験」というよりも「志願者を成績によって差別化し、落とすための試験」にしてきたわけです。それでは、現在の大学入試にどのような問題があり、どのような改革を展望するべきでしょうか。

日本型大学入試の特殊性としての個別の学力入試

日本型の高大接続が、教育上の接続という側面から見て国際的に際立つ特殊性をもつことを前に見ましたが、その延長上にある大学の入学者選抜も国際的に見ると極めて特殊です。特殊性はいくつかあるのですが、何よりも個々の大学がそれぞれの募集単位ごとに入試を実施して、入学者選抜を行っていること自体をあげることができます。

欧米では、ごくまれなケースを除くと、個別の大学が実施する学力試験は存在しません。フランスではバカロレアを取得すれば原則として選抜なしに大学に進学し、ドイツでは収容力に応じてアビトゥアの成績が選抜に用いられます(8)。イギリスも同様で、共通テストであるGCEのAレベルの結果が面接やその他の書類と合わせて利用されますが、選抜のための試験は例外を除くとありません。アメリカでは、選抜性の高い大学でもSATもしくはACTのスコアに高校での成績、推薦書、面接などを加え、さらに高校の評価などを行って選抜するのが通例となっています。一部、ニューヨーク市のCity Universityのように英語と数学についてCUNY共通テストを補助的に加えることはあるとしても、それだけで選抜を行うことはありません。

もちろん、一部の国では大学が、大学入学資格や高校卒業のための共通の試験の上で独自の学力試験を課す場合もあります。フィンランドはその一例です。また、イギリスのオックスフォード大学、ケンブリッジ大学等の一部の大学やフランス独自の高等専門教育機関であるグランゼコール(grandes écoles)では、通常の共通テスト・試験とは別個に共通テストが行われています。イギリスでは、志願者の共通テストの成績が非常に高く、そのために共通テストの成績だけでは受験生の差別化が困難な大学で、高いレベルでの知識を問う分野ごとに別個に行われる共通試験の成績を利用しています。フランスのグランゼコールは大学とは異なる高等教育機関ですから、バカロレアとは異なる試験を課しています。ただ、この試験も共通分野についていくつかの学校が共同で利用する共通試験になっています。日本の学力試験とは異なることに注意する必要があります。それに、フィンランドをはじめいずれの国でも大学進学のために必要な高校の課程修了時の共通テスト・試験があることを忘れてはなりません。

　このように見るならば、日本型の高大接続が、ヨーロッパとアメリカから離れた独自性・特殊性をもつことが明らかです。教育上の接続に必要な達成度を共通の試験・テストによって客観的に把握することがないために、個別大学が選抜を目的とする学力試験を行い、そこで高大接続に必要な学力把握を行うとともに選抜を実施しているのです。

学力入試の成績に依存する選抜

　個別の学力試験による選抜は、さらに日本的な選抜方法に結びついています。それは、選抜がほとんど学力試験の順位づけに基づく合否を意味するという点です。

　文科省は、毎年、「大学入学者選抜の改善のための協議の場」での審議を経て、文部科学副大臣名（以前は高等教育局長名）で「大学入学者選抜実施要項」を大学に通知しています。二〇一一（平成二三）年度の「実施要項」には「一般入試」を「入学者の選抜は、調査書の内容、学力検査、小論文・面接その他の能力・適性に関する検査の成績、その他大学が適当と認める資料により、入学志願者の能力・適性等を合理的に総合して判定する方法による」と規定しています。

通常、大学は、合否の判定に際してどの資料をどの程度利用するかを明らかにしなければなりません。たとえば、国立大学の入試では、センター試験の国語は満点が二〇〇点となっていますが大学が利用する際には〇・三を乗じて六〇点として計算するなどして「センター試験全体の成績に三〇〇点を配分し、個別学力試験には五〇〇点を配点し、その合計を合否判定資料とする」というように、どの資料をどの程度利用するかを明示しています。小論文や面接などにもやはり何点を配分して判定資料とするかが示されます。そして、「成績同点者の順位決定にあたっては、個別学力検査等の成績を重視する」などの記載がなされています。つまり八〇〇点満点で合否ラインに六〇〇点の成績をとった受験者が複数いて、しかもそれら同点者の間で合否を分けなければならない場合には、センター試験の成績よりも前期なり後期なりの個別試験の成績上位者を優先するというわけです。

大学の学生募集要項にあるこのような記載を一覧していくと、ほとんどの場合に大学入試の合否は、小論文や面接を含めて試験の成績だけで決定され、調査書や推薦書などを総合判定の資料として利用するのはＡＯ・推薦入試に限られています。つまり、大学は学力試験での成績にのみ基づいて「定員」等を考慮して合格者を出しているのです。

さきに触れた文科省の「大学入学者選抜実施要項」には「入学者受入方針（アドミッション・ポリシー）については、求める学生像だけでなく、高等学校で履修すべき科目や取得しておくことが望ましい資格等を列挙するなど『何をどの程度学んできてほしいか』をできるだけ具体的に明示する」とあります。しかし、試験の成績のみで合否が判定される一般入試は、「試験の成績の良い順に合格とする」

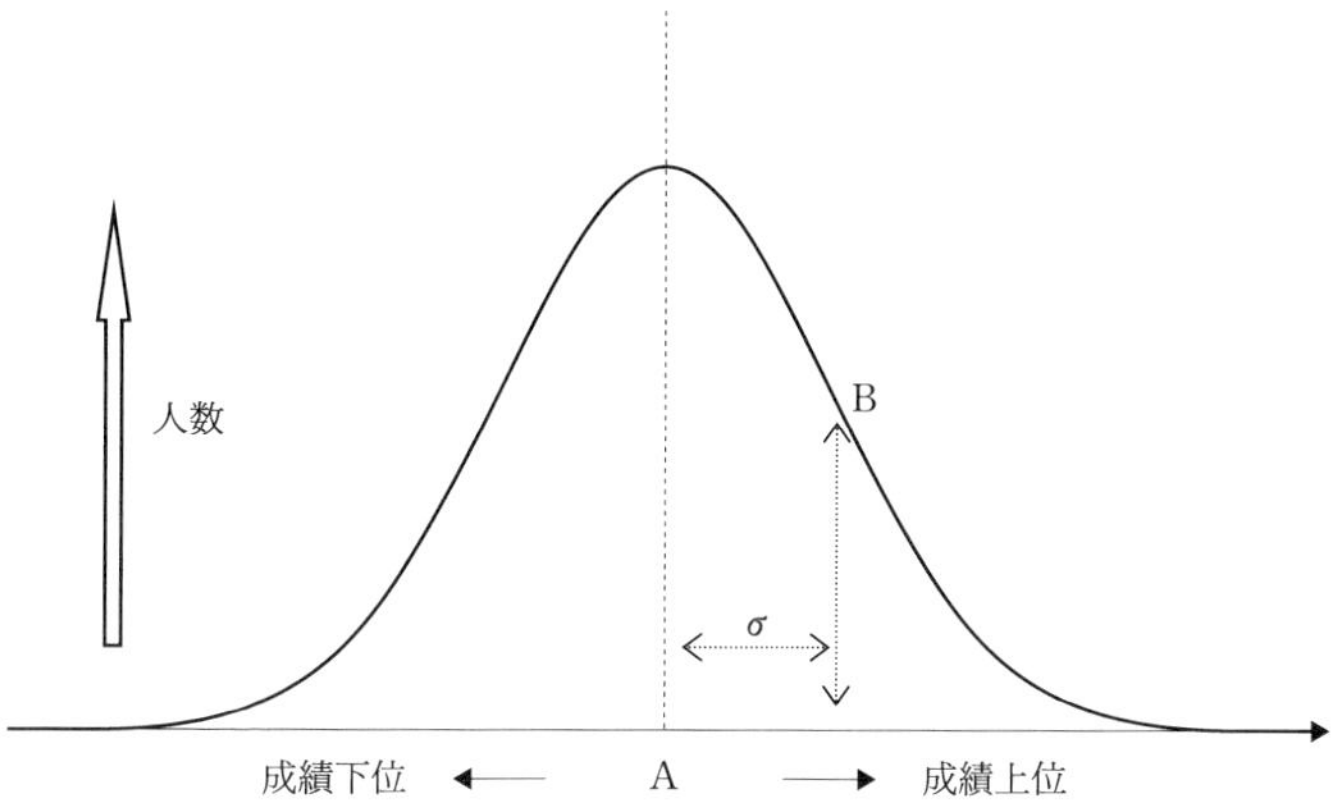

図11　正規分布

を事実上のアドミッション・ポリシーにしています。そこで、日本の大学の「アドミッション・ポリシー」は、「求める学生像」の提示、「どのような根拠に基づいてどのような試験を課しているのか」の説明、あるいは入試に直接関係しないが「何を高校で学んでほしいか」を示すにとどまる宿命にあります。大学の国際化段階でのアドミッション・ポリシーとして通用性をもつかどうかには疑問がありますが、日本型のアドミッション・ポリシーとでも言うべきものがここにあると言えるでしょう。

結局、こうした選抜のあり方は著しく大学入試での成績の重視をもたらし、「入りたい大学よりも入れる大学」への出願を促し、それはまたペーパーテストでの偏差値重視をもたらします。様々な大学で、「どうしてこの大学を選んだのか」という質問を在学生にすると、素直に「究極的には偏差値です」という答えが返ってきます。「偏差値」についてはあらためて解説することもないでしょう。試験の成績が図11に見るような正規分布をなしているとして、図のAの得点をとった受験者の偏差値を五〇とした場合の個々の受験者の相対位置を示す指標で、特定個人が集団の中でどれだけ平均からズレているかを表す指標となります。そこで、大学進学を志す者は、自分の偏差値を考えて、「受けられる」あるいは「合格できそうな」大学群を対象に、今度は自分の「行きたい専門」や「それぞれの大学がもつ特色」を考え、どこを受験するのかを決めるというわけです。そこでなかには、「何が何でもある大学に進みたい」ので自分の将来やりたいことと関係なく偏差値から合格可能な学部を選んで出願するということも生まれます。

日本の大学入学試験の受験者は、どの程度の学力に到達するのかよりも、受験者集団に準拠して、自分が他者に比してどの程度の優位・劣位にあるのかを優先的に意識した行動を選択し、大学は、資質・能力・個性・情熱などから将来その大学で伸びるかどうかを見るのではなく、とにかく試験の成績によって「公平・公正」に合否決定をしてきたのです。

学力試験の有効性

定員からはみでる受験者を落とすための「落第試験」であろうと偏差値重視であろうと、学力試験で合否を決定することで、「良い学生」を入学させることができるのではないか。このように多くの人々が考えてきました。試験の点数という形で成績を量的に表現することが可能で、点数の順番に成績を並べることができるからです。

しかし、学力試験自体、学力を測る上で種々の難点をもっているとして、戦前・戦後を通じて批判にさらされてきました。日本の学力試験は、後にまた触れる「古典的テスト理論」に基づくテストで、科目・問題ごとに配分された点数にしたがって評価され、その評価である素点（粗点）を合計して科目・問題の得点を表示し、さらに出題教科・科目全体の合計得点を出して受験者の成績を序列化しています。しかし、この方法では、科目・問題ごとに生じる難易度の相違をどうするかという問題が生じます。大学入試センターが選択科目間で二〇％以上平均点が開いたときに得点調整を行っているのはよく知られていますが、それに類似した問題が大学入試にはつきまといます。問題は選択科目間以外にも生じます。ある科目・問題の難易度が高く、他の科目・問題の難易度が低いとき、場合によっては難易度の高い科目・問題の点数が全体の得点序列を支配したり、逆に難易度の高い科目・問題の得点が低すぎることから難易度の中位の科目・問題の得点が全体の得点序列を規定したりするのです。素点を積み上げる従来のテストの難点は他にも種々あるのですが、学力試験が必ずしも適切な学力把握を実現していないという疑問は絶えず投げかけられてきました。そこに限界があることは確かなのです。

それにもかかわらず学力試験が選抜に用いられてきたのは、「試験の得点に基づいて公平・公正な序列づけに基づく選抜ができる」という観念に基づいています。実際に「公平・公正な序列づけ」がどの学力試験でも可能となったかと問われると問題もあると思いますが、少なくともそういう観念が支配的にあり、受験者を含めて社会も「試験の成績で厳格に評価が決まるなら仕方ない」と受けとめ、さらに言えば公平・公正な序列づけを厳しく大学に対して要求したことは確かでしょう(9)。そこで、大学では、公平・公正な序列づけを確保することに大きな努力を払うことになります。たとえば国語のある問題を様々な募集単位の受験者が回答している場合には、特定の募集単位の特定の問題への回答は一人の採点者が採点して採点者間でのブレがなくなるようにしたり、数学の証明を含む問題や小論文の採点では、複数の採点者間で合議を行ったり、複数の採点者の評点を総合する方法を定めたりしています。しかし、公平・公正な序列がつけられればそれでよいのでしょうか。

得点序列による選抜の有効性

前に触れた清水義弘の『試験』では、「学科試験では最優秀者と最劣等な者との区別はひとまず判別できるが、中位の者についてはなかなか優劣をつけがたい」(10)との指摘があります。これは非常に重要な指摘なので、少し立ち入ってみましょう。

学力試験を行うと、よほどのことがない限り、必ずと言ってよいほど成績は図11に見たような「正規分布」をとります。このような左右対称の山は、「分散」によって鋭くなったり、なだらかになったりしますが、今は「標準正規分布」と同じ分散(σ^2)が1である場合をとって考えることにします。図11は、成績が下位から上位にかけての得点者数の関数になっています。関数は平均となるAのところで最大値をとりますが、そこから左右に上に凸の形を維持して減少していきます。やがてある点から関数は上に凹の形に変わります。この関数の変曲点にあたる図のBから垂線を横軸に引くと、Aから変曲点までの距離が「標準偏差」(σ)となります。そこで、変曲点から下位と上位の者の優劣は容易に区別でき、「最優秀者と最劣等な者との区別はひとまず判別できる」と言えるでしょう。平均から標準偏差までの距離は偏差値に直すと六〇になります。よく高校や大学関係者が「偏差値六〇以上の生徒がほしい」と言うのは、このためです。

では、偏差値で言うと六〇、平均から標準偏差までの距離のところから上の成績をとる集団は全体のどのくらいになるでしょうか。わずか一六％以下です(11)。偏差値五五で上位の約三〇％くらいです。そこから偏差値五〇のところ、つまり平均に向かってわずかな点差にかなり大きな受験者集団がいます。よく「志願者倍率は最低でも三倍ほしい」と言うのは、こうした成績分布を念頭に置いています。その程度までは、ごくわずかな得点差でも成績序列に意味を見いだせると考えるからです。

しかし、志願者倍率二倍前後になると、合否はほぼ同質の集団をわずかな得点差で区別することになります。「中位の者についてはなかなか優劣をつけがたい」と言うのは、そのためです。山の中央に近いところにある成績の受験者は、実は同質の集団に属すると考えられ、どのような評点のつけ方をしているかにもよりますが、場合によって一点差はもとより数点差にも意義を見つけるのは難しいことになります。わずかな得点差は、科目選択、出題傾向、当日の受験者の心身のコンディションなどによって容易に左右されるからです。そうなると得点にしたがう序列化自体にあまり大きな意味はなく、さらにさかのぼれば学力試験が本当に学力を測る手段となっているかどうかが問われることになります。

そこで問題となるのは、志願倍率の状態です。すでに触れたように、「大学全入」あるいはユニヴァーサル段階での志願倍率は低下します。図12は、二〇〇七(平成一九)―二〇〇八(平成二〇)年度入試での志願倍率などを示しています。すでに国立大学でも二倍台や二倍未満の大学があり、私立では一倍

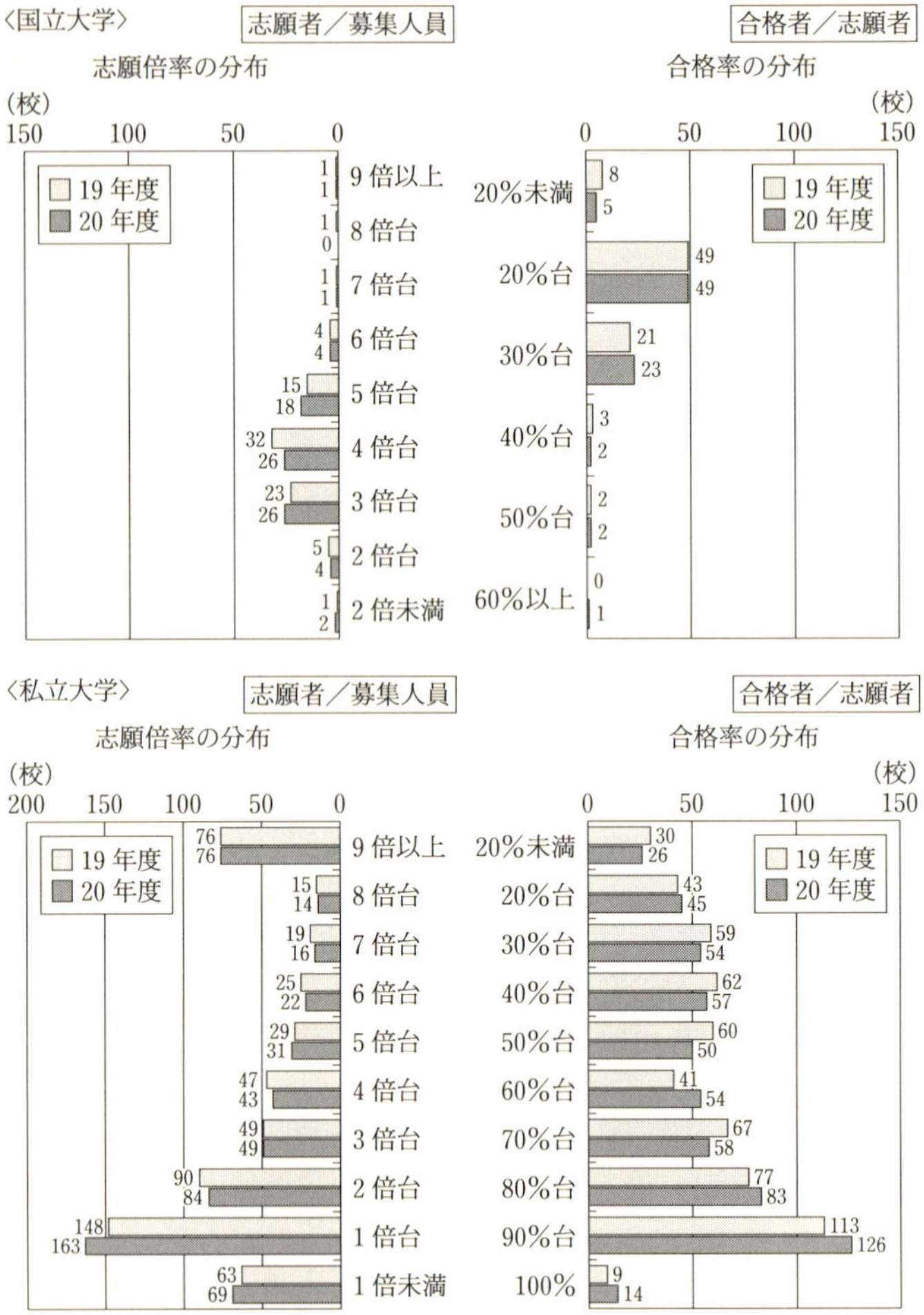

図 12　志願倍率と合格率

文部科学省大学入試室調べ。

台や一倍未満の大学が二三二大学あります。志願者の五〇％以上が合格する大学は、国立大学で三大学、私立大学では三八五大学もあるのです。私立大学の場合は他大学との併願が多いので合格者の中から実際に入学した「歩留率」を考えなければなりません。すると、「実質志願倍率」は低くなると考えられます。事実、文科省の調べでは、歩留率が一〇〇％は一大学、九〇％台でも一八大学しかありません。

志願倍率が低下した場合に、学力試験のもつ序列化機能に大きな問題が生じます。詳しく見ないと簡単には判断できないのですが、入試の成績分布が正規分布に近い単峰型になっている場合には、志願倍率の低下が序列化の意味を損なう結果をもたらしていると推察できるでしょう。もっとも日本の入試は「落第試験」ですから、志願倍率が一倍台になろうがなるまいが、また成績分布が二つの山をもつような形をとるようであろうが、定員いっぱいまでは合格させなければなりません。ますます学力試験の序列化が意味を失っていることがはっきりします。

あまりに多い大学入試の出題教科・科目のパターン

大学入試は、個別の大学の学部・学科の特性などから募集単位ごとに決まるのが普通です。このため、日本型の大学入試では、他の諸国には見られないほど入試に出題する教科・科目のパターンが多くなる傾向があります。しかも、もともとそうであったのが、この一〇年ちょっとの間に極端に多くなってきました。

そうなった第一の理由は、大学の志願者を集めるための少数科目入試や多様な受験機会の導入です。

第二は、臨教審の第一次答申以後に「特定教科や特定分野」の重視を促すなど少数科目入試の奨励とも受けとめられる方向が提起されたことです。一九九七（平成九）年の中教審答申『二一世紀を展望した我が国教育の在り方について（第二次答申）』は、「同一大学の同一学部・学科における複数の選抜基準の導入」や「学力試験において課すべき教科・科目の選択の幅の拡大や多様化」、「日本型ＡＯの整備」などを提唱したのですが、それは臨教審以後の大学入試改革を具体化したものでした。

協議・研究報告書によれば[12]、教科・科目数のみから見た個別学力入試の類型は一九五六（昭和三一）年度の私立大学で三六パターンでしたが、二〇〇九（平成二一）年度入試では一五九パターンに増加しています。ここでのパターンは「二教科二科目」とか「一次試験で三教科三科目、二次試験で一教科一科目」のように、教科・科目の数だけから分類しているので、具体的な科目の組み合わせを考慮すれば、はるかに多くのパターンがあります。国立大学と公立大学ではセンター試験五（六）教科七科目が標準的に課されていてばらつきはそれほど大きくないのですが、それでも二次試験で課す科目は多様化しています。前期日程試験を取り上げると、最も多いのは二科目試験ですが募集人員の三〇・五％しかなく、次いで一科目が二〇・八％、四科目が二〇・一％、三科目が一七・〇％、五科目が一〇・二％となっています。その上で二科目試験の内訳を見ると、「数学・理科」の組み合わせが四三・六％、「国語・外国語」が一四・三％、「数学・外国語」が九・三％などとなります[13]。

こうした出題教科・科目のパターンの多さは、高校生の進路選択と高校の進路指導に影響を与えます。最初からどこの大学を受験するのかが、はっきりしている場合はいいのですが、そうでない場合には高校での科目選択が進学できる大学の範囲を決定することにもなります。雑誌『キャリアガイダンス』の調査によれば、進路指導の困難に関して、「入試の多様化」を六〇％以上の高校が指摘し、それは大学短大進学率七〇％以上の高校では七四％近くに達しています。[14]大学入試によって直接高校教育が影響を受ける日本型高大接続では、このような問題も生じているのです。

共通の学力把握を基礎にする大学入試改革の必要性

戦後長い間、大学の収容力は不足し、大学入試の選抜機能は高く維持されました。また、大学は戦前の旧制高校段階から各学校独自の入学者選抜権を国に奪われるのを嫌い、[15]「大学自治」の観点からも戦後は個別入試を当然のことと考えてきました。しかし、「大学全入」段階では、もはや個別の大学入試を高大接続の根幹とするわけにはいかないことが、大学入試自体の行き詰まりからも明らかとなっています。しかも、外形的・客観的基準のないままにＡＯ・推薦入試が一般化しています。では、どのような大学入学者選抜を考えるべきでしょうか。

何よりも、高校段階での客観的な学力把握――高大接続テストを選抜の基礎に据えるべきでしょう。それは、現在のＡＯ・推薦入試に適切な外形基準を与えることになります。言い換えれば、ＡＯ・推薦入試を「非学力選抜」から「学力把握を含んだ選抜」に転換することが可能となります。個別学力試験が機能しなくなり「非学力選抜」が拡大するという現在の状態から脱却できるのです。

高大接続テストが選抜の基礎資料となる場合には、大学の入学者選抜を大きく転換することが可能となります。高大接続テストの成績、それに調査書、推薦書、面接などを加えての総合判定が可能となるからです。一九六〇年代から七〇年代にかけて、文部省は何度も個別の学力入試に依存した大学入学者選抜を「総合判定主義」の方向に変えようと努力しましたが、いずれも高校段階での客観的学力把握のための仕組みを基礎にせず、個別の大学入試を前提にしたため挫折してきました。しかし、それは大学入試の選抜機能が高い段階でのことでした。今はそうでありませんし、かつて考えられた共通テストは個別の大学入試を前提にしていたのですが、教育上の高大接続のために構築される高大接続テストが導入されれば、むしろそれを土台に選抜を再構築できるでしょう。そして、「非学力選抜」となっているＡＯ・推薦入試もアメリカやイギリスのような総合判定へと転換することが可能になります。

このように言うと、「高大接続テストだけでは選抜性の高い大学での選抜資料にならないのではないか」という疑問が出されますが、そうは言えません。アメリカではかなり選抜性の高い大学でも、ＳＡＴやＡＣＴのスコア、高校のＧＰＡ、高校のランク、推薦書などを総合して選抜を実施しているからです。[16]イギリスのように選抜性の高い大学について別の学力試験を設定した方がいいかどうかは、高大接続テストをどのように設計するかにかかってきます。また、もし高大接続テストに加えて選抜性の高い大学で別の試験を課すとしても、高大接続テストという学力把握を前提に試験を再構築することが可能となります。それについては後で触れることにしましょう。

さらに、もう一つ言っておくべきことがあります。これまで日本の大学入試は個別学力試験に基づいていましたので、入試の出題・採点等を大学教員が担当してきました。しかし、それがよいとは本当は言えないのです。高校での学力を本当に見るには高校教員の方が教育課程を熟知しているだけに優れているわけですし、大学教員は一般的に特定の分野での研究に優れているとしても、高校教育に通じているわけではありません。かつては、旧制高校を新制大学が継承したときに設置された「教養部」に、高校教育に通じていて、試験の出題・採点にも必要なスキルをもつ大学教員がいました。しかし、一九九一（平成三）年に行われた「大学設置基準の大綱化」以来、ほとんどの大学の教養部は解体され、そうした教員はいなくなりつつあります。平成に入ってからの大学入試のトラブルの一部はこうした大学の変化にも起因しています。このまま個別学力入試を続けた場合には、下手をすると大学入試や高校教育を知らない「素人」の「特定学術領域の専門家」が問題作成・採点を行う可能性があるのです。そこで、選抜を、常に高校教育の状況を見て、高大接続テストや調査書などを総合判定するスキルをもつ専門家集団に移すことが望ましい段階に来ているのです。

四　普通教育の再構築と高大接続

高大接続テストを起点に日本型高大接続を転換することが必要だし、またそれなしに現在の高大接続の機能不全から抜け出すことは困難なのですが、高大接続テストを構想するにあたって、第一章で見た高大接続の機能不全との関係で言及しなければならないことが残されています。それは、「高度な普通教育」（現行学校教育法）の中で、高大接続にふさわしい普通教育の再構築を果たさない限り、教育上の高大接続が矮小なものとなってしまうという点です。その問題を考えることは、同時に、高大接続テストが測る教科・科目の範囲や水準をどうするのかという問いへの答えを探ることにもなります。

「第三の教育改革」と高大接続

一九八〇年代に受験競争が激化したことはすでに触れました。それに並行して、一九七〇年代後半から八〇年代前半にかけて日本社会の変容が大きく進みます。石油危機を乗り越えた日本はもはや「小国」ではなくなります。また、一九六〇年代末までのケインズ主義に主導された経済政策は国際的に終焉を迎え、供給サイドでの新たなイノヴェーションに基づく成長が期待されるようになります。「キャッチアップ」過程が終わり、社会の変化・変容を創造的に推進することが求められるようになったとも言えます。このような状況を背景に提唱されたのが「第三の教育改革」でした。

それは一九八五(昭和六〇)年の「臨教審第一次答申」に始まります。[17] 答申は、「我が国の教育は、教育の機会均等の理念の下に、教育を重視する国民性や国民の所得水準の向上などにより著しく普及し、我が国社会の発展の原動力となってきた」としながら、「記憶力中心で、自ら考え判断する能力や創造力の伸長が妨げられ個性のない同じような型の人間をつくりすぎていること」などをはじめとする諸問題があり、「制度やその運用の画一性、硬直性による弊害が生じている」と指摘します。そして、「受験競争の過熱」とも関連して、「いわゆる一流企業、一流校を目指す受験競争が過熱し……いや応なく偏差値偏重、知識偏重の教育に巻き込まれ、子供の多様な個性への配慮に乏しい教育になっている」こと、

「生徒の能力、適性などが多様になったが、教育は、これに十分対応し得ず、画一性の弊害が現れてきている」こと、「社会・経済の進展に伴う学校教育への要請の高まりとともに、教育の内容が増加し高度化しがちであり、受験競争とあいまっていわゆる詰め込み教育となったり、画一的な教育・指導に陥っている傾向があり、学業についていけない者がみられる」こと、等々を問題としてあげたのでした。

次いで、答申は、「改革の基本的考え方」として、①個性重視の原則、②基礎・基本の重視、③創造性・考える力・表現力の育成、④選択の機会の拡大、⑤教育環境の人間化、⑥生涯学習体系への移行、⑦国際化への対応、⑧情報化への対応、を掲げ、「当面の具体的改革提言」では、「受験競争過熱の是正」に一節を割いて、「入学者選抜方法の改善を図るためには、人間を多面的に評価し、選抜方法や基準の多様化、多元化を図らなければならない」と主張します。国立大学の共通第一次学力試験が、一科目の利用も可能となる「センター試験」に代わることになったのもこの答申からでした。

臨教審の提唱する方向は、日本型の高大接続に大きな影響を与えることになります。臨教審答申後の一九九一(平成三)年の中教審答申『新しい時代に対応する教育の諸制度の改革について』は、そうした変容を象徴するとも言えるでしょう。この答申が、高大接続に関係して示した方策は三点にわたりますが、最初の二点は高校教育に関わります。第一に、答申は「高校教育の一番基本的な問題は、……その画一性にある」とし、多様な生徒が高校に進学するのに対して、「質的充実」、「実質的平等」、「個性尊重・人間性重視」を改革の基本的視点に置いて、従来の学科区分を見直し、総合学科や新しいタイプの高校設置を奨励しました。いわゆる高校の多様化を提起したのです。第二は、教育内容・方法にかかる改革――すでに開始されていたとも言える「教育課程の弾力化」の一層の促進です。「各学校の教育課程は、生徒の選択の幅が限られ、大学進学型の画一的なものとなっている例が多い。今後は、このような状況を改め、生徒のニーズに応じた選択中心の教育課程が編成されるよう各学校を促していく必要がある」と答申は述べています。

第三は、大学入学者選抜方法の「改善」でした。そこで強く打ち出されたのは、「評価尺度の多元化・複数化」です。「集団的画一思考に陥らない真に個性ある人物の活躍」を必要とするこれからの日本では、「入試という現在の選抜の仕組み及びその方法、内容が、果たして個性ある人物の選抜と育成に適しているか否かが、今緊急に問われている」と答申は述べます。そこで、「大学が多選択型に耐える構造を示さなくてはならない」ことから、「ヴァラエティに富んだ個性や才能を発掘、選抜するため、点数絶対主義にとらわれない多元的な評価方法を開発する」ために、①「調査書、面接、小論文、実技検査などを加味し、学力検査にのみ偏しないように配慮する」、②「全教科の総合評価によるのではなく、秀でた特定教科や特定分野に重点を置く」、③「部活動・生徒会活動・取得資格・社会的活動その他を参考にする」等が提唱されます。

こうして、臨教審答申を起点に大学入試センター試験は一科目のみでも利用できるようになり、また個別入試でも「特定教科や特定分野」の重視に見られるように少数科目入試の奨励とも受けとめられる方向が出てきます。そして、一九九七(平成九)年の中教審答申『二一世紀を展望した我が国教育の在り方について(第二次答申)』では、「同一大学の同一学部・学科における複数の選抜基準の導入」や「学力試験において課すべき教科・科目の選択の幅の拡大や多様化」、「日本型ＡＯの整備」が、一九九九（平成一一）年の中教審答申『初等中等教育と高等教育との接続の改善について』では、ＡＯ入試の奨励が明記されたのでした。

日本型高大接続の変容

臨教審第一次答申や一九九一（平成三）年の中教審答申が指摘する問題自体が存在したことは確かです し、大学入学者選抜が一点刻みの得点差――場合によっては一点以下のごくわずかな点差――がもつ絶対的な公平性への依存から脱却する必要性があったことは疑いえません。だが、そこには、高等教育機関の配置問題などを別にして高大接続という狭い視点から見ても、大きく二つの問題がありました。

その第一は、すでに第一章で触れたように、高校教育課程の弾力化自体は肯定できるとしても、高大接続に必要な教育課程のあり方への取り組みはなく、その結果として、接続に必要な教科・科目の内容と水準が不明となります。一方で高大接続に必要な教科・科目の履修が高校で行われなくなり、他方で高大接続に必要な学力把握については以前にもまして大学入試に依存するようになります。

第二は、従来「普通教育の完成」と結びついて考えられてきた入試のあり方の転換です。かつて文部省が学力入試について基礎的な教科・科目全体にわたる出題を望んでいたことについては第一章で触れました。しかし、臨教審第一次答申から、はっきりとこれとは逆の方向が打ち出されたのです。国立大学の共通第一次学力試験は受験生に過大な負担を強いるもの、画一的教育の象徴のように考えられ、今日の少数科目入試とＡＯ・推薦入試の拡大をもたらす方向が示されたのです。

これらの点をまとめて考えると、日本型高大接続は、教育上の高大接続に必要なナショナル・カリキュラムが不明瞭となり、接続のための共通の学力把握も欠いたままに、大学入試での学力把握までも不確かなものになる方向に変容させられたと言えるでしょう。そして、今日では、仮に高校学習指導要領を高大接続を展望したものに改訂したとしても、高校での基礎的教科・科目の学習意欲を維持するのが困難なほどの入試の変容が生じたのです。

一九九九（平成一一）年の『初等中等教育と高等教育との接続の改善について』は、「入試でどのような科目を課すか、何科目を課すかは、基本的には、各大学がそれぞれの教育理念等に照らして自主的に設定すべきものであり、……受験生確保の観点から設定することは適当ではない」と述べているのですが、「必ずそうなるのではないか」との懸念がそこに示されていたと読みたくなります。

普通教育と個性重視の教育は対立するか

「第三の教育改革」は日本型高大接続を変容させたのですが、その際の出発点になった考えに「集団的画一思考に陥らない真に個性ある人物」を育てる必要があるという臨教審の「個性重視」があります。高校で基礎的教科・科目を普遍的に履修しなくてもよい教育課程が生まれたことや少数科目入試導入が、こうした個性重視の方針から直接生まれたとは言いがたいのですが、個性重視がそれまでの普通教育の「完成」を放棄してしまう方向を決定づけ、また基礎的教科・科目を学力入試に課すことから離れることを促す大きな流れをつくったことは否めません。

しかし、そもそも個性重視と普通教育とは対立するものでしょうか。個性の重視が、生徒の嫌いな科目履修を排除することであれば、それは逆に生徒の可能性を閉じることにさえつながります。好きな科目の力を伸ばしていくことと、それ以外の科目を学習しなくてもよいということはまったく異なるはずです。本当に個性ある人間を育てようとするならば、普通教育という土壌が不可欠なはずです。そしてまた、後でも触れますが、得手・不得手はあっても、未知の世界を知ることは人間にとって喜びであるはずです。普通教育を「画一的な知識伝達」と捉えるのはとんでもない転倒で、問題は普通教育を「つまらないもの」にしてしまっていることではないでしょうか。

基礎的教科・科目の普遍的学習や入試でのそうした教科・科目出題は、すべての教科・科目に秀でることを目的とするわけではありません。現在使用されている言葉を使うならば、「生きる力」を支えるために人間が自由な営為の中で追求し蓄積してきた知恵とその利用の仕方を学ぶためにあるのです。逆に、知性を特定の方向にだけ誘導するならば、つまり普通教育を追求しないならば、偏向した知性を生みかねません。実松譲によれば、海軍大臣を務め、後に海軍大学校長となっていた及川古志郎大将は、一九四三(昭和一八)年に高山岩男・京都大学教授と矢部貞吉・東京大学教授、それに海軍大学校教官の千田金二大佐を前に、「米英を敵として戦っている事態を作りだした主因の一つは、わが国軍人を教育するにあたってもっぱら戦闘技術の習練と研究に努力し、政治と軍事との関係を考える教育を顧みなかったことだ」と語ったと言います。[18]

「専門家」の知的基盤の狭さは、おそろしい知的欠陥をも生み出します。ある大学院の授業で、「なぜ人を殺してはいけないのか」という問いかけを教員がしたところ、法律の実務家になるために勉強している大学院生が「刑法にあるからです」と答えたというエピソードがあります。地球科学や生態学、政治や経済を理解することなく原子力の利用を考える科学者、国際政治・経済を知らないで戦術だけを考える軍人、経済や社会、歴史、哲学の基礎をもたないで法律解釈のみに通じる弁護士や法務官僚、哲学や政治、心理学、文化を知らないで市場の作用を狭い人間観から説く経済専門家……ひょっとしたら、現代の人間社会は「知識人」を失うとともに、そうした「専門家」に依存するようになっているのかもしれません。そうであるとしたら、どこかで意思決定は、間違った道へと社会を導く可能性があります。

また、専門教育機関で教授される知識や技術が、しょせんその時代の知識と技術であり、学校を卒業してから現実に直面する課題に対応するには広い教養と基礎を欠くことはできないことも看過してはなりません。産業界はよく一方では「大学では基礎を身につけてほしい」と言い、他方では「即戦力となる実践的知識を修得してほしい」と矛盾した要求を大学に言うのですが、後者は大学での教育達成度が低下していることとともに企業が自らの教育機能を低下させたことを表明しているとも言えます。産業界の言い分を過日の「象牙の塔」に対する批判の延長上に報道するメディアにも問題があるのですが、高等教育を通じて創造力とリーダーシップに満ちた人材を育成するために最も必要とされるのは、広い視野と堅固な基礎知識であると言って過言ではないでしょう。

まして、現代の知識基盤社会では、一方では、これまで専門の学部や研究科に分かれていた諸領域の統合・融合が必要とされ、他方では、先端研究での異分野の学問の吸収が進んでいます。サステイナビリティに関する研究と技術開発は前者を代表し、生物学や物理学の成果の経済学への組み込みやナノ・レベルでの生物学研究は後者を体現します。二〇〇七（平成一九）年の「国大協入試委員会報告」が指摘するように[19]、高校での普通教育と大学での一般教育――ともに general education の訳語――を欠いた現代の専門家育成では、「専門しか知らない」、しかも「二流の」専門家育成しかできないとも言えるのです。

真に個性的な人材、創造的な人材の育成が、あたかも普通教育の否定から生まれるとするのは明らかな誤りと言えるでしょう。欧米をとってみても、個性重視の文化がある国々で高校ではかなりの「詰め込み」とも思える普通教育が行われ、高大接続のための共通試験・テストでは、課す教科・科目の範囲に違いはありますが、基礎的教科・科目全体を課すことになっています。また、今日でもなお、欧米の大学で広く一般教育が行われていることを看過してはならないでしょう。

どのようにして普通教育に基づく高大接続を実現するのか

知識基盤社会で、大学教育の質を確保し、適切な高大接続を図るためには、どうしても基礎的教科・科目を高校で学ぶことが必要なことが明らかです。それでは、どのようにして普通教育を基盤とした高大接続を実現したらよいでしょうか。

第一に、高校学習指導要領をかつてのような「普通教育の完成」段階に戻すことは、前にも触れたように、高校が国民的教育機関となった今では不可能なことです。第二に、大学が基礎的教科・科目の全体にわたっての入試を行うことは、教育上の接続の観点から要請されていることを選抜試験に委ねることにつながりますし、現在の大学入試の選抜機能を考えると実現も不可能です。

こうしたことを考えると、高校の教育課程と大学の入学者選抜の間に、高大接続に必要な基礎的教科・科目の学習の達成度を測る仕組み——高大接続テスト——を置くことが最も合理的ではないかと考えられます。高校を卒業して大学に進学しようという生徒は、基礎的教科・科目全般を課す高大接続テストを受けて、可能であれば複数回受験して達成度を高めていく——そのような経路が確立されるならば、高校での教育目標や生徒の学習目標も明確になりますし、その成果を基礎に調査書、推薦書、受験者の特性を示す書類などを考慮し総合判定での選抜を大学が行うことが可能となります。

このように言うと、「専門学科や総合学科はどうするのだ」という声が出るでしょう。確かに今では専門高校からの進学率も三〇％に及んでいます。商業高校、工業高校から大学に進学する生徒は大半がAO・推薦入試で進学しています。そうした生徒の進学の道はどうしたらよいでしょうか。そんなに難しいことではありません。高大接続テストの実施教科・科目の範囲を高校の三学科（普通科、専門学科、総合学科）に共通のものとするのはそう難しいことではありませんし、普通科以外の高校での教育成果を測る仕組みをそれぞれの学科での教育に定着させて大学はそれを選抜に利用すればよいからです。

あまり知られていないのですが、専門高校については、全国工業高等学校長協会が「工業科標準テスト」を、また国立高等専門学校では「国立高等専門学校学習到達度試験」を第三学年で実施しています。

また、商業科でも工業科でもいろんな資格試験を実施しています。いずれも専門学科の教育特性に対応した共通の学力と能力の把握を追求したものと言えます。総合学科や専門学科との高大接続については、三学科共通の学力把握と並んでこのような各学科に関する学力把握や高校で実施されている資格試験の成績などを積極的に利用して高校教育の質を確保し、大学はそうした客観的学力把握を利用して選抜すればよいのです。そうなれば、工業科は工学部系に、商業科は経営・商学・経済学部系にと限定されている進学先もより広がる可能性もあるとも言えます。普通教育に基づく高大接続と専門学科、総合学科の高大接続は矛盾するものではありません。むしろ、高大接続テストによって基準が提供されれば、ＡＯ・推薦入試に限定されていた進学経路を広げることも可能となります。

五　初年次教育・リメディアル教育の構築に向けて

日本型高大接続を、高大接続テストを基礎に転換するときに、忘れがちになる問題が一つあります。高大接続テストを通して現在の高校教育に対応する普通教育の再構築を行うとしても、かつての「普通教育の完成」から高等教育へという道を確保するには多くの障害があります。そうした障害の中には、社会そのものの変化・変容などに伴う広く深い諸要因がありますが、ここでは、教育上の高大接続に直接関係する問題を取り上げましょう。それは、初年次教育・リメディアル教育の必要性です。

高大接続テストが高校段階での普通教育の再構築や大学入学者選抜の転換のインフラストラクチュア

となったとしても、教育上の高大接続にはまだ問題が残ります。第一に、前に触れたように高校での普通教育の範囲を一九六〇年代や七〇年代と同じようなところにはもっていけないわけですし、学校五日制の中で「総合学習の時間」や「情報」なども加わるという条件の下では高校での教科・科目の学習時間確保には限界があります。高校での普通教育の達成度を一九八九(平成元)年告示の学習指導要領の段階まで戻すことさえままならないでしょう。第二に、小学校から中学校まで積み上げてきた普通教育のレベルと現在の高校入試の状況から、高校での学力差は多様あるいは大きなものとなっています。前に触れましたが、高校で中学段階の学習の「定着」を図らなければならない状況があります。そのような状況の中で高校卒業者の五〇%以上が大学に進学するのですから、大学入学者の間での学力差が多様になるのは当然とも言えます。

そこで、大学では、日本型高大接続を転換したとしても、リメディアル教育と初年次教育が大学教育の質を確保するために重要となります。リメディアル教育が、大学教育に必要だけれども高校までに履修してこなかった教科・科目の教育だということは前に述べました。いわば補習教育です。初年次教育は、リメディアル教育とは異なり、高校から大学への移行を支援する教育です。中教審答申『学士課程教育の構築に向けて』では、「初年次学生が大学生になることを支援するプログラム」などと表現されています。論文・レポートのための文章技法、コンピューターを利用した情報処理技術、プレゼンテーションやディスカッションの技法、図書館の利用や文献検索技法などから学問への動機づけ、論理的思考、問題発見・解決能力の向上などまで広い範囲に及んでいます。

このような新しい高大接続に関わる大学での教育分野で最も問題となるのは、高校までにどのような学習をしてきたのかという基礎資料がないという点です。大学入試の成績や調査書など選抜に利用する資料は、法や制度の制約があるため大学教育に直接利用することはできません。そこで、日本型高大接続を転換して、教育上の高大接続を実現しようとするのであれば、高校までの学習達成度などを知る資料が必要となります。アメリカの大学ではＳＡＴやＡＣＴのスコアなどがリメディアル教育・初年次教育の基礎資料として利用されています。高校段階での学力を客観的に把握する仕組みである高大接続テストは、これまでの高大接続では得られなかった高校段階での学習の達成度資料を、ＳＡＴやＡＣＴのように大学に提供できることになります。これも日本型高大接続の転換の大きな構成要素と言えるでしょう。

機能不全となっている日本型高大接続のどこが問題であるのかを、高大接続という課題の独自性を踏まえて、①学力把握の方法、②大学入学者選抜の方法、③普通教育の後退、④リメディアル・初年次教育の必要性、これら四点にわたって検討してきました。そして、それらのそれぞれについて高校段階での共通の客観的学力把握の仕組みである高大接続テストが望ましいことが明らかになりました。今、機能不全となっている高大接続を救うには、高大接続テストの構築・導入が不可欠なのです。日本型高大接続の転換の基礎に高校段階での学力を客観的に把握する仕組みを構築し、そこから高大接続に必要な学力の達成、これまで批判が繰り返されてきた日本型大学入試の根底からの転換、普通教育と大学教育の結合、初年次教育・リメディアル教育に基づく高校から大学への教育の機能的接続、これらを実現することをめざす時が来ているのです。それでは、そのような目的をもつ高大接続テストの基本的な仕組みはどのようなものであるべきでしょうか。次章では、それについて踏み込むことにしましょう。

（1）天野（二〇〇七a）、三五四―三五五頁。
（2）協議・研究報告書（二〇一〇）は、高大接続をこれらの二側面から考察しているが、こうした視点を明確にした業績に、先﨑（二〇一〇）がある。
（3）清水（一九五七）、一五八頁。
（4）ヨーロッパ諸国全体がこのような接続を行っているわけではないが、一つの理念型としてそのように規定しうるのでないであろうか。このような把握については、天野（二〇〇七b）、三七八頁の「集権的な体制のもとでカリキュラムが整備され、教育内容が明示されたこれらの国」という特徴づけに負っている。
（5）欧米の高大接続については、既存の研究成果のみでなく、協議・研究委員会が独自に調査を実施した。協議・研究報告書（二〇一〇）には、参考資料として「募集形態からみる大学入学者選抜方法の変化」（竹永裕子、佐々木隆生）、「米国調査報告」（濱名篤、松本亮三、高木克）、「欧州調査報告」（川嶋太津夫、柴田洋三郎、戸谷賢司、中津井泉）が添付されているが、本書における欧米の高大接続に関する記述は、特に断らない限り、それらの調査を参考としている。
（6）ヨーロッパ諸国の中には、大学入学資格試験のない国もあるが、その場合でも高校での達成度が大学入学の前提となっていて、やはり教育上の高大接続が高校段階での学力把握に基づいている。
（7）ここでヨーロッパの学力把握を「試験」、アメリカのそれを「テスト」としたのは、ＳＡＴやＡＣＴがテストという用語を用いたということによっている。なお、天野（二〇〇七b）、三六五―三八三頁は、アメリカのテストが多肢選択方式で実施され、正答表に合わせて「客観的」な採点が行われる方式でなされていることを、ヨーロッパの記述式・論文式や口頭式の試験と対照している。

(8) 近年はアビトゥアに加えて面接などを実施する方式が導入されている。なお、ドイツを含む各国の大学入学者選抜については、さしあたり潮木(二〇〇四)、ＩＤＥ大学協会(二〇一〇)などを参照されたい。

(9) 日本の試験が「公平・公正」であるかどうかは種々の観点から判断される。たとえば、親の所得や居住している地域の環境が異なり、それが試験の成績に反映するとすれば、公平・公正ではないとの指摘が長く教育社会学から提起されてきた。ここでは、その問題には立ち入らずに、成績評価自体が受験者に対して「公平・公正」であるかに焦点をあてることにしたい。

(10) 清水(一九五七)、一三五―一三六頁。

(11) 標準正規分布で計算すると全体を一としたとき〇・八四一三がこの点より下位に属する。

(12) 協議・研究報告書(二〇一〇)、一二頁。

(13) 国立大学の二次試験で「理科」、「数学」の比重が大きいのは、私立大学の多くが文科系であるのに対して、国立大学の入学定員が理科系に傾斜していることを示している。

(14) 『キャリアガイダンス』No.25(二〇〇九)、一〇―一一頁。

(15) 戦前の旧制高校・大学予科等の入試制度については、先﨑(二〇一〇)、六五―七三頁が優れたまとめを行っている。より広い文脈から入学者選抜制度を扱っている天野(二〇〇七a、二〇〇九a、二〇〇九b)とともに参照されたい。

(16) アメリカの入学者選抜が日本とは異なり、定員管理が厳しくなく、また大学間での学生の移動可能性が高いというような条件を背景としていることや、それぞれの大学の入学者が多様性をかなり含んでいるということが、ＳＡＴやＡＣＴの利用を可能としているという側面は存在するが、それでも日本の高大接続に示唆を与えるに変わりはないであろう。後に触れるが、テストの設計も将来コンピューターでの出題・回答が可能となれば、アメリカにしても日本にしても大きな可能性を得ることになる。いずれにしても、「外国と日本は事情が違う」ということから現在の制度を保守するのではなく、現在の制度がもつ問題を解決する道を切り開くという視点から出発して検討することが迫られていると言うべきである。

(17)「臨教審第一次答申」については、臨教審(一九八五)、八―一三頁。

(18) 実松(一九九三)、二五九―二七四頁。

(19) 国大協(二〇〇七b)、一一八―一一九頁。

第3章　高大接続テストの基本構造

どのようなテストを構築・導入するときにでも、何よりまずテストの目的が明確にされなければなりません。高大接続テストの目的は、前の章で見たことから、①高校段階での教育の達成度を客観的に把握すること、②大学入学者選抜が前提とする学力の達成とそれを基礎とする総合判定による選抜を可能にすること、③高校での普通教育の再構築を可能とすること、④初年次教育やリメディアル教育に必要な資料を提供すること、これら四つになります。これらの目的を実現するには、どのようなテストを構想したらよいでしょうか。

一　高大接続テストの前提

最初に、高大接続テストを構想するにあたって、一つの前提があります。それは、日本の学校制度と現実に適合するテストでなければならないということです。というのは、高大接続を問題にした途端、「大学入学資格試験を導入したらどうか」とか「高校卒業資格試験を設けるのが望ましい」といった声があがるからです。ヨーロッパの学校制度に高校卒業試験と大学入学資格試験を兼ねた試験があることなどから、そうした声が生まれるのでしょう。

このような声は、第一に、学校教育法に基づく現在の日本の学校制度の枠組みを十分考えたものとは言えません。高校卒業にしても大学入学にしても、資格試験制度は、学校教育法に定めた枠組みと整合しません。そして、日本の学校制度に比べてヨーロッパが理想的かというと簡単には言えません。ヨーロッパ諸国の高校、大学がほとんど国立、公立であることや、大学に進学したうちの修了者の比率が低いことなど種々の点でヨーロッパは日本と異なります。しかも、ヨーロッパの伝統的な高大接続の仕方自体、進学率の上昇やヨーロッパ連合域内の高等教育プログラムの展開によって揺さぶられていることも忘れてはなりません。

もちろん日本の学校制度を根底から変えるという考えもあるでしょうが、その場合には高大接続という視角からだけ接近するわけにはいきません。より深く広い分析と考察が必要とされます。また、現存の学校制度を変えるという場合には、「現在の学校制度を前提にしては適切な改革が到底不可能だ」ということも明らかにするべきです。高大接続の現在を考えるとき、当面一番大切なのは、現在の基本的な学校制度の枠組みの中で、必要な改革が可能かどうかを追求することです。そこから出発して、改革すべき論点が広がるとき、制度全体の修正・調整・再編などの必要性があるとすれば自ずと見えてくるはずです。

第二に、それ以上に重要なのは、進学率が上昇してきた中で、拡大し、多様化してきた高校と大学の現実にふさわしいかどうかの検討を忘れてはいけないことです。すでに触れたように、高校の「多様化」は高校進学率が九〇％を超えて高校が国民的教育機関化したことから追求されました。そして、今なお少なからぬ高校生が大学以外の高等教育機関に進学するか就職しています。そこで一律の高校卒業資格試験を導入することには大きな問題があります。大学も、中教審答申『我が国の高等教育の将来像』(二〇〇五)が展望するように「機能分化」するでしょう。現在までも「世界的研究・教育拠点」や「幅広い職業人養成」、「特定の専門分野の教育・研究」などへの機能分化は一定程度進んでいます。そのように多様化してきた大学を対象に一律に大学入学資格試験を導入することの意味はどこにあるでしょうか。疑問をもたざるをえません。

二　高大接続テストの基本的性格──基礎的教科・科目の学習の達成度評価

高大接続テストの目的から、高大接続テストの基本的性格は、高校段階での基礎的教科・科目の学習についての達成度を測ることにあることが導かれます。そして、そのことから高大接続テストに必要ないくつかの要件も明らかとなります。

①高大接続のための基礎的教科・科目についてのテスト

第一は、高大接続テストは、何よりも普通教育の基幹をなす基礎的教科・科目についてのテストであるということです。高校は普通科、専門学科、総合学科の三学科からなっていますが、それらに共通の基礎的教科・科目、言い換えれば高校段階での普通教育の成果についての学力把握でなければ、普通教育の一定の達成に基づく教育上の高大接続はできません。

当然ですが、現在のセンター試験のような「ア・ラ・カルト方式」、つまり少数科目を選択して受験することが可能な方式でのテストは適切ではありません。また、もちろんのこと適性試験であってもなりません。あくまでも基礎的教科・科目全体の学力を把握する仕組みであることが求められます。そのようなテストによって、高校生に基礎的教科・科目の学習の目標を与え、むやみに多様となった大学進学のパターンと入試科目や安易な選抜制度に惑わされずに、普通教育の成果を確かなものにして高大接続に必要な学力水準の達成を促す必要があります。

②達成度を測るテスト

第二は、テストが達成度を測るという性格をもつことです。従来の大学入試に出される試験は、素点に基づく公平な評価がなされることを基準に実施されてきましたが、そこで最も重要なのは序列づけでした。選抜資料は、ある集団から一定数の合格者を公平に選抜するための一元的に序列化された順位表でなければならないからです。ですから、受験者にとっても大学にとっても重要なのは数量化された序列であって、受験者の達成度評価は二次的な意義しかもちえませんでした。「難問・奇問」や過大な問題文量・計算量など従来の入試に伴う種々の問題は、そうした序列化の要請から生じています。

しかし、教育上の高大接続に必要とされるのは、国大協が言った「基礎的教科・科目の学習の達成度を把握する新たな仕組み」です。そして、普通教育の基礎的教科・科目の学習が高大接続に適切な水準に到達していなければ教育上の接続は機能しませんし、接続の別の側面である選抜も機能しません。可能な限り、受験者の学力の絶対的到達度を把握できる性格をもつ必要があるのです。そして、もしテストが達成度テストとして信頼できるものであれば、一方で高校での学習達成度評価に寄与し、他方では、後に触れますが、総合判定に基づく選抜や資格試験的利用など種々の選抜制度にも対応可能なものとなります。

③基礎的教科・科目の標準的問題の出題

基礎的教科・科目についての達成度テストであることは、高校生が基礎的な教科・科目の基本的内容を修得することを目的としています。そこで、教科書に基づく学習を促すような出題が望ましいと言えるでしょう。

このような出題の仕方は、序列化のための集団準拠的な性格をもつ試験・テストではできませんでした。たとえば、どこかの教科書や試験で用いられる素材や問題が出された場合に、「不公平だ」とする批判が生じるからです。そのため、大学入試センター試験などでは、膨大なデータ・ベースをもって問題をチェックするコストが生じ、また基本的な素材に基づく基本的な問題の出題に大きな制約が生まれてきました。しかし、教科書に掲載されている、あるいは種々の試験・テストに頻出の基準的な問題の出題を避けていくと、自然に高校生に基準的に読ませる文章などを出題することは難しくなったりします。

それを端的に示すのが国語の素材文です。大学入試センターの調べでは、二〇〇二(平成一四)年度の「国語Ⅱ」教科書三一点中の三〇点に『源氏物語』が、二六点に『枕草子』が掲載されていたのですが、一九九七(平成九)年〜二〇〇五(平成一七)年のセンター本試験に両作品からの出題はありませんでした。(1)その理由の一つは、全国的な公平性を確保しなければならない試験では、教科書に掲載されている題材や問題、それに他の試験に出題された素材や問題を繰り返し出題することが公平性の観点から許されないということにあります。そこで、国語古典の素材文は「擬古文」から採択される傾向をもつこととなります。「擬古文」とは、江戸時代に多くの国学者などがつくった文章です。確かに、擬古文の中には名文もあり日本の古典として学ぶべきものもありますが、擬古文が素材文として選択されるのは、それを出しておけば教科書や他の試験に出た作品を避けることができるからです。

標準的な素材や問題を出せないもう一つの理由は、そういう出題をしていくと問題の難易度が低下し、集団準拠的な性格をもつ試験で必要な平均点の設定が難しくなるということがあります。繰り返して基本的な問題が出される試験では、「学習効果」が働いて成績は全般的に上昇するからです。

しかし、果たしてこのような出題の仕方が教育上の高大接続の観点から見てよいと言えるでしょうか。

高校生なら誰もが親しむべき標準的古典ではなく擬古文から素材文を選択することや、これまで出されていないような問題の出し方をするというのは高校学習指導要領から見ても問題がありますし、何よりも、高校生が標準的古典を学ぶことを励ますという機能をセンター試験から取り上げてしまうことになりかねません。

このようなことから、国大協は前にも触れた二〇〇七（平成一九）年の「基本方針」で、大学入試センターに「『絶対的公平性』にとらわれないで標準的良問を出す」ことを要請し、大学入試センターもこれに対応して「既出問題及び教科書掲載の素材文の利用」へと向かってきました。それでも、公平・公正な選抜資料を提供するというセンター試験の性格からすれば、こうした方向での出題に制約があることに変わりはありません。

しかし、テストが達成度を測ることを主目的とするのであれば、そうした制約はなくなります。むしろ、基準的な素材や標準的問題を出題することによって、教科書に基づく学習を促すことが可能となり、テストを受験ではなく教育目標にしたがわせることが可能となります。難易度が「学習効果」によって低下することは、第一に、アメリカのＡＣＴがそれを認めているようにむしろ肯定できる側面がありますし、第二に、難易度の高い問題とそうでない問題を組み合わせることによっても対応できますし、第三に、後で触れますが現在のＴＯＥＦＬ――アメリカの大学に留学する学生が受ける英語のテスト――がそうであるように、高い正答率を得る受験生に対して難易度の高い問題を出題することが可能な技術的改革も可能になっています。現行のテスト・試験の枠組みから考えるのではなく教育上の高大接続というより高い観点から考えることが必要です。

④複数回の実施

かつてＯＥＣＤ教育調査団は、「一八歳のある一日にどのような成績をとるかによって、彼の残りの人生は決まってしまう」[(2)]と、わが国の入試を、驚きをもって表現したことがあります。その後、「受験機会複数化」が推進されてきましたが、「一回限りのテストが人生を決める」という受験機会の集中は基本的に変わることがありませんでした。受験機会の集中は、試験が選抜試験であることや、入学者選抜が定員管理と結合していること、また大学間での学生の流動性を欠くなど複数の要因から生じていたからです。しかし、高大接続テストは、基礎的教科・科目についての達成度テストです。そこで、従来の試験とは異なり、一回限りのテストである必要はありません。むしろＳＡＴ、ＡＣＴやＧＣＥのＡレベルのテストと同じように、年に複数回受験可能にして、進学希望者がめざす評価を獲得できる機会を増やし、目的に向かっての学習を励ますことが望ましいのです。

むろん、テストを複数回、たとえばＡＣＴのように六回程度実施するとしても、その全部を生徒が受けることや、すべてを個別の高校で実施する必要はありません。高校では、高校の教育活動に対応して複数回受けられる機会を設けること、生徒には、複数回の受験を通して修得水準の向上を確かめる機会を与えることが必要なのであって、具体的な実施では高校以外の場所と高校での実施を組み合わせればよいでしょう。

このように言うと、「複数回のテストに追われる高校教育がもたらされるのではないか」という懸念が生じるかもしれません。しかし、そのような観点から複数回テストの実施を考えるのは、高大接続テストを従来の選抜試験と同様に捉えることに基づいています。テストを、受験に振り回されない高校での教育成果を確かめる機会と把握し、高校ではテストを、従来行われている高校での達成度テストと有効に関連づけていけばよいのです。

それに加えて、現在の高校が定期考査の他に大学入試をめざして多くの実力テスト、全国的な模擬試験などをやっていることを考えますと、複数回の達成度テストが行われることが「負担増」となるわけでもないでしょう。何より、偏差値に振り回されるテストから高校教育課程に即した達成度テストへのシフトは、教育上望ましいことではないでしょうか。

三　目的と基本性格を満たすテストの探求

高大接続テストの目的と性格は明らかになりました。しかし、今、大学入試などで行われている試験・テストはそのような目的と性格に適合するとは言えません。大学入試で行われている学力試験(学力検査)は、これまで述べたように、点数による序列化が行われればよかったのですが、高大接続テストでは、それとは別の性格が求められるからです。すぐ前で触れた四つの性格を見るとそのことがよくわかります。これまでの試験・テストと非常に異なるのは、二番目にあげた達成度を測るという点と最後の複数回の実施です。それらは、どの受験者がいつテストを受けても、その学力達成度が絶対的に評価できるという機能をテストに求めます。それは、テストに出るどの問題をとっても、ある水準の学力ではどの程度正しく答えることができるかがあらかじめわかっていなければならないことをテストに求めることになります。そのようなテストを構築・導入することは可能なのでしょうか。

これまでの試験・テスト、その限界

従来行われてきた試験あるいはテストでは、まず、テストに評価を行う基準としての満点が、たとえば一〇〇点というように決められます。次にテストを構成する問題にそれぞれ点数が割り当てられます。第一問は、小問各五点の六問から構成されて、第一問の満点は三〇点になるというように。もちろん、問題ごとに点数を割り当てて、後から合計して満点が決められてもかまいません。いずれにしても、この場合に配分される点数は学力を絶対的に評価する単位に基づくとは言えません。各問題に割り当てられた点数は問題に振られた評価ウエイト(加重)にすぎません。ある問題の正答に五点、他の問題の正答に一〇点を割り当てたからといって、それらの点数を構成する一点が学力を評価する単位とは言えないからです。テストの一点は、長さや重さの単位とは違うのです。ある試験で四〇点の答案と八〇点の答案があったときに、後者が前者の二倍の学力をもっているとは言えません。

回答者はそれらの問題に回答し、正答した場合には得点を獲得します。それら正答に基づく得点の合計が回答者の素点(粗点 raw score)となります。成績の序列化は、ほとんどの場合はこの素点に基づいて行われます。場合によっては、それらの素点にさらに係数をかけてウエイトづけを行う場合もあります。複数の科目を合計するとき、たとえば国立大学の二次試験で三科目を課しているとき、それら三科目の合計を五〇〇点としたり、その中の一部の科目を他の科目の二倍に評価したりします。それでも素点に基づくことに変わりはありません。

このようなテストが学力把握の上で難点をもつことは、ずいぶん前から指摘されてきました。前に触れた清水義弘『試験』は、続有恒らの研究に基づいて、科目・問題ごとに配分された点数にしたがって採点される素点(粗点)をもって評価する試験について、①科目ごとの難易度の差から生じる問題、②総合得点を科目ごとの素点(粗点)を累加して求める際の不合理性、③問題形式や採点方法の不備、④小問題に見られる困難度と識別力の点での不適切、などをあげています(3)。

そこで、このようなテストでいかに良い問題を作成するか、それがこれまで追求されてきました。適切な難易度をもち、測定したい学力を測るのに適し、様々な基準——たとえば学習内容など——に照らして妥当性が高く、能力の測定に誤差が生じないような試験・テストの構築が求められてきたのです。「古典的テスト理論(Classical Test Theory)」がそのために発展してきました。標準偏差や偏差値を利用した分析は、そうした理論に基づいています。ですから、ある意味で、従来のテストは「古典的テスト理論に基づくテスト」と言ってもいいかもしれません。

また、「測定したい学力」についても単に知識の量ではなく、読解力や論理的思考力、知識の応用能力などをテストでどのようにして把握するかも追求されてきました。その上で、大学入試——センター試験や個別の学力試験――では、集団準拠的性格の確保が必要とされてきました。つまり個々の受験者が受験者集団の中でどこに位置するのかがわかるような、言い換えればできる限りどの科目、どの問題でも成績が図11にあったような正規分布をとり、各科目の平均点がそろうように工夫がなされてきたのです。

しかし、このようなテストは、受験者の達成度を測定するという点から見ると、どうしても大きな問題を抱えています。何といっても、第一に、従来のテストは、テストが難しいかやさしいかが受験者集団に依存するという難点をもちます。高い能力をもつ受験者集団ではやさしい問題も、そうでない集団では難しい問題となります。第二に、逆に、学力が高いかどうかの判断はテストの難易度などに依存します。能力の高い受験者でも難易度の高いテストでは成績は低く判断され、低い受験者でもやさしいテストでは高い評点を得ます。第三に、素点を積み上げて評価するテストでは、さきほどの続有恒たちの研究で言われたように、いろいろな問題への配点や科目間の難易度の相違が達成度の評価に影響を与えます。

これらのことから、たとえば理科の選択科目で物理が予想平均点だったのに比べて生物の平均点が低くなったときに、生物を選択した集団の能力が低いのか、それとも生物の問題が難しすぎたのかは判断しがたいということになります。もちろん、素点に依存しないで偏差値で評価することが可能ですが、それでは、受験者集団が異なる場合のテストの達成度水準の比較ができなくなります。よく「センター試験の成績が上昇した」などと言われますが、それは平均点が名目的に高くなったことを示すだけで、学力が上昇したことを証明するものではないのです。また、誰か一人の成績が従来のテストで上昇したり、偏差値があがっても達成度があがったとは言えません。

さらに、従来の試験・テストは、テストの設計からして一回限りの実施が前提となっていますから、テストの実施は同一時間に可能な限り同一な環境を確保して実施しなければなりません。そこで、そもそも同一の難易度をもつ複数回の試験を実施することや、複数回行った試験の結果を比較することが困難であるばかりか、会場や監督員の手配をはじめ膨大なコストを要するという弱点をもっています。従来の試験・テストでかなりの標準化が行われて複数回のテストの比較が可能となったとしても、実行可能性から見て相当の問題があると言わざるをえません。

新しいテスト――「項目応答理論」に基づくテスト

従来のテストあるいは「古典的テスト理論に基づくテスト」は、どうしても目標準拠的な達成度把握には限界をもつ――このことから、安定して学力把握が可能なテストの開発が追求されてきました。その代表的なものが「項目応答理論(Item Response Theory: IRT)」に基づくテストです。[4] すでに、アメリカではＡＣＴが、[5] またさきほど触れたアメリカへの留学に利用される英語のテストであるＴＯＥＦＬがＩＲＴに基づいて行われ、日本でも医学・歯学・薬学などの大学で実施されているテスト――たとえば社団法人医療系大学間共用試験実施評価機構(CATO : Common Achievement Tests Organization)が臨床実習開始前に行っているコンピューターを用いた客観テスト(CBT : Computer Based Testing)

——が、ＩＲＴに基づいたテストを行っています。他にも資格試験などでＩＲＴが利用され始めています。高校教育に関係した試験では、河合塾が実施している「受験学力測定テスト」もＩＲＴを利用したものとなっています。

ＩＲＴに基づくテストは、いくつかの特徴をもっていますが、何よりも第一に、項目、つまり問題が独立していることがあげられます。目的は、一つの問題で一つの項目に関する達成度あるいは能力を見ることにあります。ですからリーディングのテストで長い文章を読ませていくつかの問題に回答させるということはあっても、問題文に基づいて出される設問は互いに独立しています。

第二は、学力・能力の相違に基づいて、どれだけの正答確率があるのかが既知の問題が出題されていることです。ＩＲＴ利用の試験では、別途試行テストをしたり、本テスト実施の際に試行問題を出したりして、あらかじめ正答確率と能力なり学力の関係がわかっている問題を用意します。そのような問題群をアイテム・バンクとか問題プールと言います。

正答確率と能力の関係は、「項目特性曲線」によって表現されます。図13には、三つの項目(問題)の項目特性曲線が示されています。どの項目も成績分布から言うと正規分布になることから、能力が低いところから高いところへと移行するにつれて正答確率が高くなるときにSの字の上下のはしをそれぞれ反対方向に引っ張ってできるようなロジスティック曲線——ロジスティック曲線は複雑系や特定部門成長などで最近よく利用されるので目にした人もいるかと思います——の形をなしています。

図13の項目1と項目2は、同じ形の曲線ですが、位置が異なります。項目1の正答確率〇・五(五

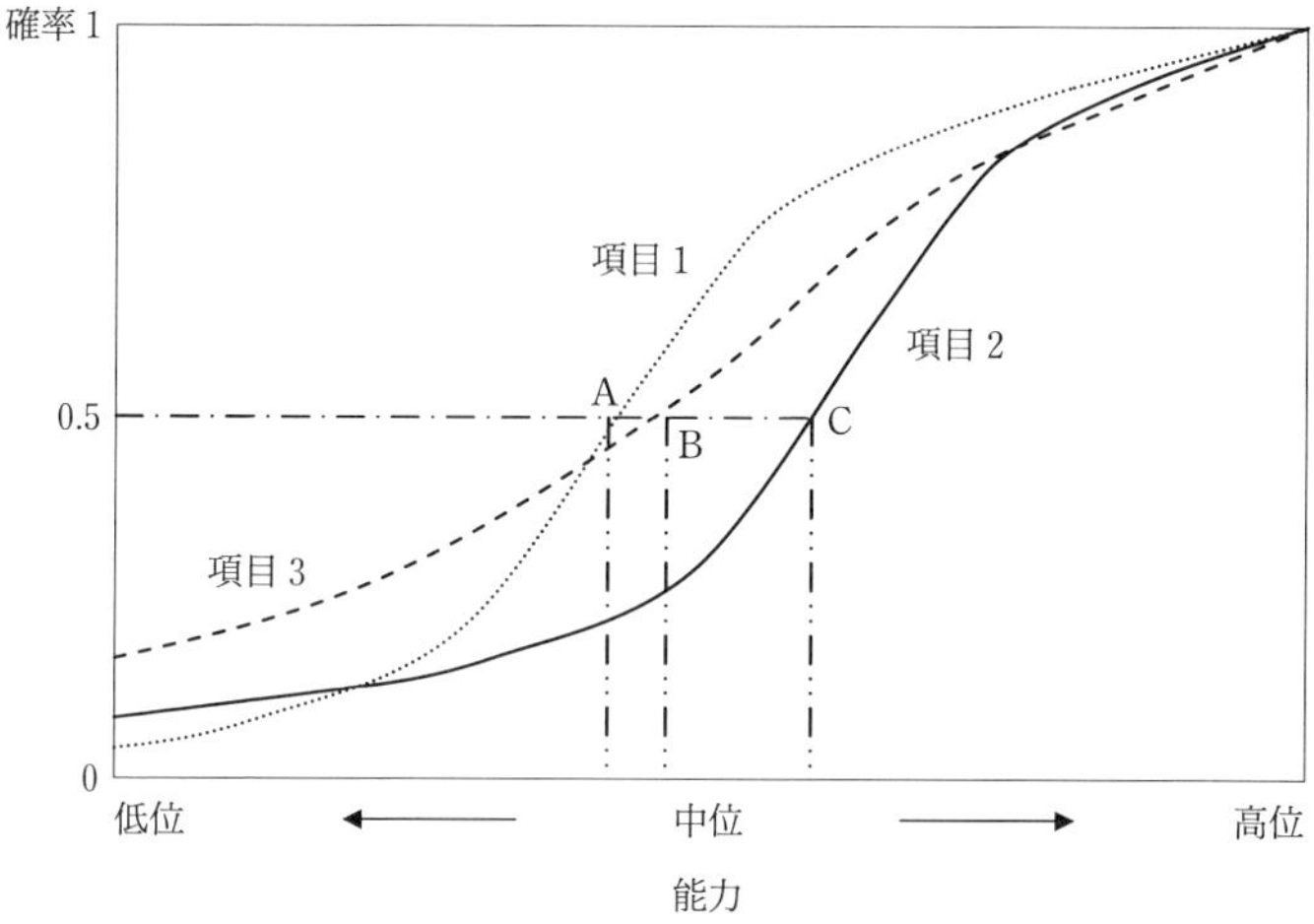

図 13　項目特性曲線

〇％）はAから垂線を横軸に書いたところの能力で得られるのに対して、項目2の正答確率〇・五は中位よりはるかに高い能力にあります。それが項目3ではほぼ中位の能力になります。こうして、項目の難易度があらかじめ明らかになっています。

項目難易度と並んで、大切なのは項目弁別力です。それは各曲線の変曲点――曲線が対称的にカーブする中心点――での傾きによって見ることができます。項目1や項目2では変曲点の傾きがある程度急になっているために、その前後で正答確率が上がることがわかりますが、項目3では、傾きが緩いために、受験者の能力をはっきりと弁別できるところがないとも言えます。

IRTでは、このように項目難易度や項目弁別力がわかっている項目なり問題が問題プール（アイテム・バンク）に集められて、そこからいろんな問題が組み合わされて出題され、さらに出題された問題全体への回答を、統計学的手法——最尤法とかベイズ推定法など——を用いて正答率と推定誤差などを踏まえて評価するのです。その結果、受験者集団に依存しないで、個々の受験者の絶対的達成度を評価できると言われます。

ところで、図13は、一見すると普通のテストの成績の累積正規分布曲線——図11の縦軸を成績の下位から上位にかけての累積受験者数に置きかえたもの——に似ていますが、意味はまるで違うことに注意する必要があります。ACTやTOEFLは偏差値でスコア(得点)を表現していると誤解する人々がいるのですが、ひょっとするとそうした誤解は、項目特性曲線が累積正規分布曲線に似ているからかもしれません。

第三は、こうしたテストの構造があるからこそ可能となるのですが、異なる問題セットを同一会場の異なる受験者に回答させても、異なる受験者集団に異なる時期にテストしても一定・不変の能力・達成度を測ることができるという利点をもちます。ACTにしてもTOEFLにしても年に数回実施することが可能なのは、そしてまたそれがあまり大きなコストなしに可能になっているのは、このような特徴に基づいています。ですから達成度テストとして非常によく設計されたテストだということが言えます。

このようなテストの特徴から、ACTは「標準化された(standardized)テスト」ではなく「予測可能な(predictable)テスト」と言われたりします。ACTを実施している機関は、複数回受験してスコアが伸びることも奨励し、そのための指導書なども出しています。日本の医学系共用試験でも受験者の学習水準の向上を図るために、全国の医学部共通の「コア・カリキュラム」を明らかにし、その上で過年度のCBTから一部の問題を公開しています。

このように言うと、「低い学力しか測れないのではないか」との疑問を提起する人もいますが、そうではありません。現に、アメリカのかなり選抜性の高い大学もACTを利用していますし、TOEFLのようにコンピューター適応型テスト(computerized adaptive testing: CAT)で、正答確率の高い能力をもつ受験者に対して、より難易度の高い問題を出すようにプログラムを作成して、広い学力差を測定することもIRTを用いたテストのもつ利点になっています。

もう一つの利点は、テストを重ねれば重ねるほど、出題可能な問題(項目)も蓄積され、データも更新されて、テストの機能が安定していくことです。従来のテストは、過去の良問を参考にするにせよどうしても問題を新たに作成しなければならないので、テストを重ねると出題に障害が出てきます。特に出題範囲の少ない科目などでは障害が生じやすくなります。二〇〇九(平成二一)年告示の新しい学習指導要領では、物理、化学、生物、地学などがこれまでそれぞれ三単位であった「I」と「II」から、二単位の「〇〇基礎」——たとえば「物理基礎」——と四単位の「〇〇」——たとえば「物理」——へと再編されたのですが、このように二単位科目が生まれるとセンター試験では三年くらいで出題が非常に困難になると高大関係者から指摘されたことがあります。また、出題範囲が広い科目でも、従来出して良問だったと評価される問題を出すには相当の工夫が必要です。しかし、IRTを用いた場合には、問題プールに集められた問題群の入れ替えをすることはあっても、テストの実施回数が多くなるほどに実証済みの問題が蓄積されていきますので、テストは安定的なものとなります。

新たなテストの構築を

高大接続テストをどのように設計するかは、テストの成否を左右する大きな課題です。アメリカを中心にテストについては研究が盛んに行われてきました。「項目応答理論」が提起されてきたことがそれをよく示します。しかし、テスト研究者の間での論争もありますし、まだまだ検討するべき課題が残っています。また、日本ではテスト研究があまり盛んでありませんでした。最近、日本テスト学会が『テスト・スタンダード』という本を出版しましたが、従来のテストが主な対象となっており、目標準拠的な達成度評価についてはまだ踏み込んだものとなっていません。また、テスト研究を行っている教育工学、テスト心理学、統計学などの研究者と高校・大学教員など実際の教科・科目のテスト問題作成者の間での交流も十分とは言えない状態にあります。実際の入試に関わる研究交流も、以前国立大学のみでつくられていた組織が、二〇〇六(平成一八)年から「全国大学入学者選抜研究連絡協議会」として再編されて全国大会を開催するようになっていますが、研究成果を見てもまだ十分とは言えない状態にあります。このような状況を変えて、高大接続テストの目的と性格に適合的なテストを構築することが求められています。

では、これまで見たような目的と性格をもつ高大接続テストを日本で構築するのは難しいのでしょうか。第一に、忘れてならないのは、テストが教育目的を実現するために構築されるということです。技術的な限界などを指摘するのはどんなテストについても容易ですが、そこから出発して教育上の目的を看過するわけにはいきません。テスト研究者と大学・高校関係者の知恵を出し合うことによって、教育上の高大接続を可能にするテストを構築することが求められています。

第二に、すでに、様々なところでテスト改革が行われ、ＩＲＴを利用したテストも国内外で行われており、そうしたテストがもつ限界を克服する努力も払われています。ですから、そうした先行例を研究し、教育上の高大接続にふさわしいテストを構築することは十分可能です。

繰り返しになりますが、これからの高大接続を確かなものとするには、高大接続テストの四つの目的――①高校段階での教育の達成度を客観的に把握する、②大学教育に必要な学力の達成を促し総合判定による選抜を可能とする、③高校での普通教育の再構築を可能とする、④初年次教育・リメディアル教育に必要な資料を提供する――に対応するテストが必要です。そして、そうした目的を実現するには、ⓐ基礎的教科・科目について、ⓑ教科・科目の到達目標に照らして達成度を測るための、ⓒ標準的な問題を出題する、ⓓ複数回のテストを是非とも構築・導入しなければなりません。それらの性格を満たすには従来の素点主義に基づく選抜のための一回限りの集団準拠的性格をもつ試験・テストではなく、ＩＲＴの成果を取り入れたカリキュラム・ベースの目標準拠的な新しい達成度テストを構築する必要があります。そうしたテストの構築に高大接続に関係する人々の知恵を集める必要があるのです。

四　大学入試センター試験と高大接続テスト

高大接続テストの検討が始まってから、主に、高校関係者から「大学入試センター試験があるのに、それに加えて新しいテストをするのか」、「高大接続テストなんてセンター試験を使えばいいじゃないか」という批判が出されてきました。

大学入試センターは、「大学に入学を志願する者に対して大学が共同して実施することとする試験に関する業務等を行うことにより、大学の入学者の選抜の改善を図り、もって大学及び高等学校における教育の振興に資することを目的」（独立行政法人大学入試センター法第三条）とし、「大学に入学を志願する者の高等学校の段階における基礎的な学習の達成の程度を判定することを主たる目的として大学が共同して実施することとする試験」（同第一三条）の業務を担当しています。三〇年以上にわたって日本で唯一の高大接続に関わる共通試験を、しかも高校段階における基礎的な学習の達成度を測る試験を行ってきました。高大接続テストを構築する際にセンター試験との、さらに大学入試センターというテスト専門機関との関係を避けて通ることはできません。

センター試験の果たしてきた役割

大学入試センター試験は、一九七九（昭和五四）年に始まった国立大学の共通第一次学力試験を起源としています。共通第一次学力試験の導入は、国公立大学に限定されたものでしたが、大学が共同してはじめて本格的な共通学力試験を行うものでした。当初は、「高等学校における一般的・基礎的な学習達成度の共通尺度による評価」のために五教科七科目（国語、数学、英語、社会二科目、理科二科目）を課していましたが、その後五教科五科目となった後に、一九九〇（平成二）年から私立大学も参加し、大学が自由に教科・科目を利用するセンター試験となって今日に至っています。

センター試験は、様々な改善を重ねて「難問・奇問」を排した基準的良問に基づいて、基礎的学力を把握する共通試験の定着をもたらしてきました。大学の入学者選抜も、共通第一次学力試験とセンター試験によってずいぶん変わりました。高校段階の基礎的な学習の達成度がセンター試験で把握できることから、各募集単位に必要な科目にしぼった記述式の試験や小論文形式の試験なども可能になってきました。高大接続テストのような改革も、センター試験の経験の蓄積がなかったならば、おそらく提起することはおぼつかなかったでしょう。

センター試験に課せられた制約①——集団準拠の選抜資料提供から生まれる限界

センター試験は、今見たように「高等学校における一般的かつ基礎的な学習の達成の程度を評価する」ことを目標とした共通第一次学力試験を継承しています。そこで、「高校における基礎的学習の達成度を測るのであれば、センター試験で十分ではないか」という指摘がよくなされます。確かに、センター試験は基礎的な学習の達成度を測るという目標準拠的な性格を一面では有し、事実そうした機能を果たしてきました。しかし、現在のセンター試験を高大接続テストの目的と性格に照らすと、いくつかの限界が存在していることが明らかになります。

その第一は、センター試験が「基礎的な学習の達成度を測る」という目的をもつテストである一方で、利用大学に対して「公平・公正な選抜資料」を提供するという性格をもつことです。このため、センター試験は、可能な限り図11に見られるような正規分布に近い単峰型の成績分布となるように、そして中央値で平均となるところが満点の六〇%となるように設計されてきました。言い換えれば、集団準拠的性格をどうしてももたざるをえません。そこで、受験者集団が毎年同じ能力をもっていない場合には、達成度を測るテストとして用いることが困難となります。

こうしたことがセンター試験の出題に影響を与えてきたことは、少し前のところで国語古典の素材文を例に触れたことからも明らかでしょう。その後、国大協の要請などがあって改善に取り組んでいるとはいえ、集団準拠的なテストで公平・公正な選抜のための資料としてテストの成績を提供するという使命に応える限り、基礎的教科・科目で標準的な問題を出題するということは難しいと言わざるをえません。どこかの教科書あるいはテストに出た素材文や類似問題が出題されるならば、一斉に「不公平だ」という批判が生まれるからです。そうした批判が起こらないようにするには、センター試験自体を集団準拠的な選抜資料作成という制約から解き放つしかありません。

また、公平・公正な選抜資料提供ということから、選択科目間での不均衡を解決する必要があることも前に触れました。たとえば、二〇一一(平成二三)年度センター試験の実施要領では、地理歴史の「世界史B」、「日本史B」、「地理B」の間、公民の「現代社会」、「倫理」、「政治・経済」の間、理科の「物理I」、「化学I」、「生物I」、「地学I」の間では「原則として、二〇点以上の平均点差が生じ、これが試験問題の難易差に基づくものと認められる場合には、得点調整を行う」とされています。異なる科目の受験者集団の能力差の判断が正確にできるわけではありませんので、試験問題の難易度の差の判断は

表8　センター試験の理科の受験者数と平均点

	2009年度			2010年度		
	受験者数	平均点	標準偏差	受験者数	平均点	標準偏差
生物Ⅰ	176,043	55.85	18.74	184,632	69.70	16.36
化学Ⅰ	200,411	69.54	22.16	208,168	53.79	20.95
物理Ⅰ	143,646	63.55	21.39	147,319	54.01	22.81
地学Ⅰ	25,921	51.85	19.66	24,406	66.76	21.88

大学入試センター調べ。

難しく、実際には「どの科目を選択したかによって不公平にならないように」ということから得点調整が行われます。達成度を測るという観点からすると、このような集団準拠的配慮には問題が少なからず存在します。

センター試験に課せられた制約②――古典的テスト理論に基づくテスト

センター試験は集団準拠的な性格をもちつつも「高等学校における基礎的な学習の達成の程度」を測る目標準拠的性格をもってきました。しかし、テスト自体は、「古典的テスト理論に基づくテスト」であり、それからの制約をまとわざるをえません。そこに、第二の問題があります。

古典的テスト理論に基づくテストでは、どうしてもテストの難易度は受験者集団に依存し、学力はテストの難易度に依存するという問題に直面します。

たとえば、センター試験の理科の成績を見てみましょう。表8は、二〇〇九(平成二一)年度と二〇一〇(平成二二)年度のセンター試験の理科の主な科目の受験者数と平均点です。受験者数はどの科目もあまり大きな変動がありません。しかし、平均点は「生物Ⅰ」では二〇〇九年度の五五・八五点から二〇一〇年度の六九・七〇点に一五点近く増加し、他方「化学Ⅰ」は六九・五四点から五三・七九点に一五点以上下がっています。そして、二〇〇九年度をとると「化学Ⅰ」と「地学Ⅰ」の間には一七点以上の平均点の差がありますし、二〇一〇年度では「生物Ⅰ」と「化学Ⅰ」の間に一五点以上の開きがあります。標準偏差が大きいからといって平均点が低くなっているわけでもありません。このような変化や科目間の相違は、難易度が一定なのに受験者集団の達成度が異なるために生まれたのでしょうか、それとも受験者集団の能力は不変なのにテストの難易度が相違したために生まれたのでしょうか。それを説明するのは容易ではありません。この例からも、高校段階の基礎的な学習の達成度を測るという視点からすれば、現行のセンター試験には一定の制約があることがわかります。

また、従来のテストでは、「平行テスト」、つまり難易度や弁別力が等しいテストをつくることは不可能に近いという問題があります。古典的テスト理論では、「等化(equating)」によって平均値と標準偏差が等しく様々な外部基準との相関も等しい「平行テスト」を作成することを求めてきましたが、かなりの難点があることが明確になっています。ですから、毎年のセンター試験を同じ難易度で同じ弁別力をもったものとして捉えることはできませんし、その延長上に同じ難易度の試験を複数回実施するにはかなりの無理があるということになります。

さらに重要なのは、そのために、ある年のセンター試験をとってみれば、同一時間に可能な限り同一の環境を保って公平・公正な試験を実施する必要性が生まれます。すると、試験を複数回実施するのに、問題作成の困難に加えて、膨大なコストがかかるという制約があることがわかります。かつて大学審議会がセンター試験の年複数回実施を提起したことがありましたが、最大の難点は、平行テストが作成できる可能性と実施のコストでした。

二〇〇九(平成二一)年のセンター試験をとってみると、五〇万人に及ぶ受験者を対象に一斉試験を行うために、二日間にわたって七三〇余りの会場、八八〇〇の試験室で試験を行い、実施を担当する大学は相当の教職員を動員しています。また、問題作成——センター試験では「作題」と言いますが——には、直接作題にあたる委員だけでも二八科目にわたって約四三〇人の教員を国公私大から集め、年間にして一一から一六回、四〇日程度作題にかけています。そのような体制を維持してACTやGCEのような数回ものテストを行うことは極めて困難です。

センター試験に課せられた制約③——ア・ラ・カルト方式の問題

第三の制約は、現行のセンター試験が「ア・ラ・カルト方式」で利用される選抜資料のための試験だということから生じています。

共通第一次学力試験は、国公立大学の共通試験で「高校段階における一般的かつ基礎的な」と形容されているように、基礎的教科・科目を網羅するものでした。しかし、私立に比べて国公立の大学を受験する負担が大きいことや、前に指摘した「個性重視」の考え方などから、センター試験は大学が一科目でも利用できるように、しかも多様な科目から選択できるようになり「一般的」という規定は今はありません。このため、センター試験は二八科目にも及んでいます。

出題される科目数が多いことは受験生には選択の幅が広がることを意味しますが、それでは基礎的教科・科目全体にわたる学力の把握がかなえられるはずがありません。それに加えて、それらの科目の受験者のばらつきがあります。二〇〇九(平成二一)年の試験での地理歴史のA科目をとると「世界史A」は二一八七人、「日本史A」は四三六五人、「地理A」は五五〇一人しか受験していません。B科目は「世界史B」が九万四一〇六人、「日本史B」が一四万四三二七人、「地理B」が一〇万九六一六人ですから相当の開きがあります。なかには「工業数理基礎」六七人、「情報関係基礎」六六〇人、「ドイツ語」一〇六人、「フランス語」一四九人、「中国語」四〇九人、「韓国語」一三六人という受験者の少ない科目もあります。これらすべての科目にわたって、正規分布に近い成績が得られるのは実はかなり難しいと推測できます。目標準拠の達成度を測る側面での困難ばかりでなく、集団準拠の資料を作成する上でも大きな問題が生まれているのです。

教育上の高大接続に欠かせないのは基礎的教科・科目の全体にわたっての学力把握です。したがって、現行の「ア・ラ・カルト方式」とは試験の全体構成を変えなければなりません。現行のセンター試験を利用すれば教育上の接続に必要な学力把握が可能になるとは言えないのです。

センター試験がもつ可能性

センター試験が高校段階での基礎的学習の達成度を把握するのに一定の成果をあげながら、高大接続テストの目的と性格を実現するには制約をもっていることが明らかになりました。では、センター試験は高大接続テストに無縁のテストでしかないのでしょうか。

そうではありません。三〇年以上にわたって高校段階での基礎的学習の達成度把握のために出題してきたセンター試験のデータや研究の蓄積、それに共通テストの実施の経験は貴重な財産です。これを高大接続テストに生かすことなしに、高大接続テストの構築はありえません。

しかも、センター試験は古典的テスト理論に基づいて作成され研究されてきましたが、それを新しいテストに変換する可能性は存在します。たとえば、河合塾は名古屋大学の野口裕之研究室と一〇年前から項目応答理論（ＩＲＴ）を用いた「受験学力測定テスト」を、マークシート方式の模擬試験の問題や経験の蓄積を生かして開発し、二〇〇六(平成一八)年度から実施しています。開発の動機は、「偏差値以外の基準での評価を行うもの」で、「予習・復習のワークブック的テストとして高校で利用できるもの」を高校教育に生かしたいという点にあったようです。ＩＲＴに基づいていますので、問題(項目)はそれぞれ独立して出題され、それぞれの問題の項目難易度や項目弁別力が図13で見たようにすでにわかっている問題を蓄積し、そこから出題して絶対的尺度での達成度を測るテストとなっています。テストの結果は受験した生徒には個人成績表が渡されるのはもちろん、学年、教科、クラスなどの担当教員にも集団ごとの達成度資料が伝えられるようになっています。

河合塾の関係者によると、「受験学力測定テスト」の問題作成は、センター試験対策の全国統一模擬試験(全統マーク模試)で過去に出題した問題を再構築することによって可能となったと言います。ですから、出題される問題は項目の独立性を除けば、センター試験に似ているとも言えます。実際に出された問題例を示しておきましょう。数学は二〇〇八(平成二〇)年度の高校三年生用「数学Ⅰ・Ａ」から、

3

〔1〕 a は実数の定数であり，x の関数 $f(x)=x+a$，$g(x)=x^2-x+3$ がある。

(1) x の方程式 $f(x)=g(x)$ が重解をもつとき，$a=$ [(30)] である。

(2) (1)の a の値を a_0 として，次の [(31)] ～ [(34)] に，下の⓪～⑥のうちから適切なものを1つずつ選べ。

(i) すべての実数 x に対して $f(x)<g(x)$ となる a は [(31)]。

(ii) $f(x)<g(x)$ となる実数 x が存在する a は [(32)]。

(iii) すべての実数 x に対して $f(x)>g(x)$ となる a は [(33)]。

(iv) $f(x)>g(x)$ となる実数 x が存在する a は [(34)]。

⓪ $a>a_0$　① $a\geqq a_0$　② $a<a_0$　③ $a\leqq a_0$

④ $a\neq a_0$　⑤ すべての実数　⑥ 存在しない

〔2〕 x の2次方程式 $x^2+(4-k)x-2k+8=0$（k は実数の定数）について，

2より小さい解と2より大きい解をもつような k の値の範囲は

$k>$ [(35)]，

2より小さい異なる2つの解をもつような k の値の範囲は，

$k<$ [(36)(37)]，[(38)] $<k<$ [(39)]

である。

〔3〕 実数 x，y が $y=x^2+2$ を満たすとき，$2x+y$ は，

$x=$ [(40)(41)]，$y=$ [(42)] のとき，最小値 [(43)]

をとる。

また，$2x^2-y^2$ は，

$x=$ [(44)]，$y=$ [(45)] のとき，最大値 [(46)(47)]

をとる。

図14　2008年度受験学力測定テスト・高校3年生用「数学Ⅰ・A」

問三　次の文章中の傍線部「この曲解」の説明として最も適当なものを、後の選択肢から一つ選びなさい。解答番号は 29 。

ヨーロッパ社会に於ける上流階級の無信仰は、人類がせっかく到達した宗教的自覚から流れ出る最高の感情を伝えることを目的とする芸術の活動の代りに、一部社会の人士に最大の快楽を与えることを目的とする活動が起るような事態をつくり上げてしまった。そして、芸術全体の大きな世界から一部人士に快楽を与えるものがより分けられて、これが芸術と呼ばれるようになってしまった。

芸術の全世界からかような分裂が生じたことや、かほど尊重するに足りないものを重要な芸術と認めることがヨーロッパ社会に与えた道徳的結果についてはまず措《お》くとしても、芸術のこの曲解は、芸術そのものを弱体化し、ほとんど破滅に瀕せしめることになってしまった。

（トルストイ『芸術とはなにか』中村融訳）

① 芸術を、信仰とは無関係に現世的快楽を追求するだけの、尊敬に値しないものとして蔑むこと。
② 芸術を、従来のあり方とは異なる、全世界を分裂に導く非倫理的な契機としてとらえること。
③ 芸術を、宗教的共同性に支えられた人類を分断する、上流社会のみに開かれている特権とみなすこと。
④ 芸術を、宗教的自覚を喪失した、上流階級のみを対象とする享楽的な活動として理解すること。

図15　2010年度受験学力測定テスト・高校3年生Ⅰ期「現代文」

国語は二〇一〇(平成二二)年度の高校三年生Ⅰ期の「現代文」からとっています。

このようなことを見ますと、大学入試センターが、従来出題してきた問題の膨大なストックから、全国の高校教員と大学教員の協力を得て達成度テストに必要な問題プール(アイテム・バンク)を構築することはそう難しいことではありません。そのとき、大学入試センターはACTと同じような達成度テストの専門機関としての機能をもつことになります。

目標準拠の達成度による学力把握によって教育上の接続を確かなものとすること自体を否定するのでないとしたならば、大切なのは現在の選抜制度の枠内にある大学入試センターの機能を前提とするのではなく、高大接続テストの構築・導入を踏まえて、大学入試センターやセンター試験をどのように改革するべきかという検討に向かうことではないでしょうか。高校側から提起される疑問が、『高大接続テスト』を導入するのであれば、既存のセンター試験をそのままにするのではなくセンター試験の改革と入学者選抜制度改革も同時に行うべきである」ということを意味するのであれば、そうした疑問は肯定されてよいでしょう。また、そのようにしたとしても、大学入試センターが、高大接続テストの構築・導入に対応する大学の入学者選抜改革に際して、今後様々な形で貢献する——たとえばイギリスで実施されているような難関大学向けの共通試験・テストなどを開発・提供する——ような道も開かれるのではないでしょうか。

(1)　協議・研究報告書(二〇一〇)、三三頁。

（2）　ＯＥＣＤ教育調査団（一九七二）、九〇頁。
（3）　清水（一九五七）、一三五―一三六頁。
（4）　項目応答理論については、さしあたり豊田（二〇〇二）、大友（一九九六）などを参照されたい。
（5）　ＳＡＴは、ＡＣＴと異なる方式で設計されており、成績評価も「等化」、「標準化」に基づいていると言われている。出発点が進学適性テストであったことなども関係すると思われるが、ＳＡＴの点数をＡＣＴの点数に換算することも一般的に行われているとはいえ、厳密に言えばＳＡＴはＡＣＴとは異なるタイプのテストとして認識されている。

第4章　高大接続テストの具体化のための課題

高大接続テストの目的と性格、それを実現するための新しいテストの展望が明確になったかと思いますが、それを実際に構築して導入するとなるとまだ検討するべき課題が残されています。大きく言えば、二つあります。一つはテスト自体の適切な設計の推進で、もう一つはテストの組織化・制度化です。

一　適切なテストの設計・構築

もう一度高大接続テストの目的と性格を確認しておきましょう。基本的な目的は、①高校段階での教育の達成度を客観的に把握すること、②大学入学者選抜が前提とする学力の達成とそれを基礎とする総合判定による選抜を可能にすること、③高校での普通教育の再構築を可能とすること、④初年次教育やリメディアル教育に必要な資料を提供すること、これら四つでした。そして、ⓐ普通教育の基幹をなす基礎的教科・科目についてのテスト、ⓑ達成度テスト、ⓒ標準的問題を通じて基礎的学習を促すテスト、ⓓ複数回実施を通じて目標達成を励ますテストの四つの性格が導かれ、それらを満たすために、従来型の試験・テストとは異なり項目応答理論（ＩＲＴ）などの成果を取り入れた新しいテストの設計・構築を行う必要が明らかとなりました。では、具体的なテストの設計・構築にあたってどのような諸点の検討が求められるでしょうか。

1　教科・科目の範囲

まず検討しなければならないのは、どのような教科・科目が教育上の高大接続に必要なのかという点です。つまり、普通教育の一定の達成水準に基づく高大接続に必要な教科・科目の範囲を確定しなければなりません。高校の三学科に共通の教科は、「国語」、「地理歴史」、「公民」、「数学」、「理科」、「外国語（英語）」、それに「保健体育」、「芸術」、「家庭」、「情報」となっています。このうちのはじめの六教科が対象となるのは高大関係者でほぼ合意できるでしょうが、どれだけの科目をテストに課すのかを明らかにする必要があります。

基礎的教科・科目の範囲は自明ではない――どの科目の達成度を測るのか

国立大学は、かつて共通第一次学力試験で、五教科七科目（このうち「数学」は「数学Ⅰ」もしくは「数学一般」で、社会二科目、理科二科目）、後に五教科五科目を課し、現在は五（六）教科七科目を課しています。ただ、現在のセンター試験の「数学」は「数学Ⅰ・数学Ａ」と「数学Ⅱ・数学Ｂ」の双方を課す大学が多いために受験者はこれら二科目が三〇万人を超えています。また、理科二科目を課すのは理系の大学、地理歴史と公民から二科目を課すのは文系の大学となっています。ここから、「基礎的教科・科目の普遍的学習」あるいは「一般的・基礎的学習」と言っても自明ではないことがわかります。

非常に大きく言えば、第一に、「国語」、「数学」、「英語」はよいのですが、「地理歴史」、「公民」、「理科」の諸科目をどの程度「一般的・基礎的学習」の中に位置づけるのかが問題となります。大学関係者の中には、「理科と地理歴史、公民は細かく科目を立てなくてもよいではないか」というような意見もありますし、その逆に「全科目についてやるべきだ」という意見もあります。第二は、「国語」、「数学」、「英語」の範囲です。選抜試験を別にしないのだからなるべく高い水準での学習を望む考えと基礎的なところの達成度で十分だという考えの相違があります。そして、第三に、ＡＣＴは英語、数学、リーディング（フィクション、人文社会科学、自然科学の文章理解）、サイエンス・リーズニング（理科）、ライティング（長文のエッセイ）を課しているのですが、国語とは別に長文を読ませ、また書かせるような科目を立てるかどうかが問題となります。高校学習指導要領の教科・科目にはないのですが、様々な文章の理解と構成は、教科・科目の総合として考えることもできます。また、現在の高校教育と大学の初年次教育の現場で長文の理解と作成の必要性がよく強調されています。「試験学力」を超える論理的な思考力・判断力・表現力をある程度見ることを現代の高大接続に組み入れるべきかどうか――実際に実現可能かどうかは別にしても――検討すること自体が望ましいのは言うまでもありません。

テストの教科・科目と高校学習指導要領との関係

今見たように、高大接続に必要な基礎的教科・科目で、テストで測るべき範囲を明らかにしようとすると、高校学習指導要領に準拠することはもちろんですが、高校学習指導要領に定められている教科・科目のくくりから離れる場合も出てくることがわかるでしょう。すると、「学習指導要領にない科目を出すのはよくない」という意見が出るかもしれません。

しかし、そう簡単には言えないことは、これまでの高大接続の経過から明らかです。第一に、高校学習指導要領で定める教科・科目の名称と学習範囲は一〇年ごとの改訂によってずいぶんと変わってきましたが、高大接続に必要な基礎的学習の範囲にはそう変化はないからです。ですから、大学入試センターも「英語」について、「オーラル・コミュニケーションⅠ」、「英語Ⅰ」を合わせ、さらに「オーラル・コミュニケーションⅡ」と「英語Ⅱ」に共通する事項を出題範囲としています。国語や数学に関しても同じように様々な工夫がなされ、学習指導要領にある科目がそのまま試験科目とはなっていません。

第二に、指導要領での学習範囲を超える学習範囲を出題するのは問題だとしても、高大接続を視野に入れずに教育課程の弾力化がなされてきたわけですから、必履修の範囲を超えることには一定の合理性があります。学校教育を小学校から積み上げれば大学教育に自然に接続できるという錯覚をもっていない限り、そのことは容易に理解できるはずです。現在では、文科省も学習指導要領の拘束性についてかつてとは異なる立場をとっています。二〇〇二(平成一四)年一月一七日に文科省から出された「確かな学力の向上のための二〇〇二アピール『学びのすすめ』」で「学習指導要領は最低基準」であることが明らかにされました。また、二〇〇九(平成二一)年告示の学習指導要領では、標準単位数の限度を超えて単位数を増加して配当することが認められています。ですから、高大接続テストの出題教科・科目の範囲を高校学習指導要領の必履修科目と同じ範囲にする必要はないと言えますし、教科・科目のくくりが高校学習指導要領のそれと同一でないこともある程度許容されてかまわないと言えます。

2　テストの実施時期と回数

テストの実施時期と回数の具体化も――かなり技術的な問題ですが――大切な検討課題です。第一に、年複数回行うとして、何回をどの時期に行うのかを決めなければなりません。ACT、SATのように六回くらい行うのか、それとも二～三回程度にするのかが、第一の問題です。

第二は、どの学年でいつ実施するのかです。センター試験は三学年の一月に行っていますが、二年生までの学習内容の学力把握であれば二学年の後半から受験可能でしょうし、「数学Ⅰ・数学A」の範囲であれば二年生のはじめでも受験可能でしょう。達成度テストですから、二年生から受験して、次第に評価を目標に近づけるというような受験の仕方も十分考えられます。また、入学者選抜方法が改革され、現在のように二～三月に一斉に入試を行う必要性がなくなれば、三学年の一月末から二月中旬までの間にテストを実施することも不可能ではなくなります。いずれにせよ、高校での教育と大学の選抜をにらんで検討が必要となります。

3　適切な達成度テストの開発とテストが測れる学力の範囲の検討

教育上の高大接続に必要な新しいテストの設計——それはテストの成否を決定します。テストの基本的な骨格は、前にも述べましたが従来のテストから脱却してＩＲＴ（項目応答理論）に基づくのが望ましいことは言うまでもありません。古典的テスト理論に基づいたテストの場合には、前に触れたように、どうしても達成度テストを行う上での難点があるからです。その難点は、どのように「等化」、「標準化」しても残ります。達成度テストとしての厳密さを欠きますし、複数回実施に耐えられません。そこで、ＩＲＴに基づくテストを設計する方向で、ＩＲＴがもつ制約を克服することを考えるのが妥当でしょう。

テストの射程を広げる開発の必要性

では、ＩＲＴを用いた場合にどのような問題が生じるでしょうか。問題（項目）が独立していて、それぞれの問題に対する回答は正答か誤答のどちらかであるというのが最も単純なテストの構造になっています。そこで、複雑な論理や多様なタイプの論理の選択に基づいて正答が一つと確定できない場合——複数ある仮説のうちいずれの仮説をとるかによって論理的に導かれる正答が複数ある場合や論理が重層的な構造をもち複数の段階での正答が異なるような場合——や、正答に幅のある場合——エッセイを書かせるなどはその代表的なものでしょう——などが問題となります。

もちろん、これらの問題は現行のセンター試験にも存在します。マークシート方式のテストに付随する問題だとも言えます。したがって、ＩＲＴにこうした弱点があるから古典的テスト理論でよいとは言えません。しかも、ＩＲＴに基づくテストを、コンピューターを利用して行うようになるにつれて、最近は、上に見たような複雑な問題の出題と採点も可能にする努力が実を結びつつあります。高大接続テストは、現在の高校での情報環境などを考えるとセンター試験と同じように紙ベースでの試験（ＰＢＴ）でやらざるをえないでしょう。それでも様々な工夫を試みて、将来コンピューターを用いた客観テスト（ＣＢＴ）で、しかもコンピューター適応型テスト（ＣＡＴ）が可能になることを視野に入れておくことは必要です。

よく「日本人は名誉革命がいつ起きたのかは知っているが、名誉革命の意味を知ることがない」などと言われますが、これまでの歴史の試験では論争のある分野は避けて、正答が自明なものだけを出題するために、用語や年号などの知識を問う問題が多くなる傾向があったと言われます。そのような弱点を克服するテスト設計が今後求められていると言えます。考えてみればすぐわかることですが、大学で求められるのは、既知の「真理」に通じることよりも、「真理がわからない」問題への取り組みですし、大学を出た人間に求められるのはマニュアルにしたがって仕事をするのではなく、マニュアルが想定していない課題を見つけ、それに答えを出す力です。そうした力を育て、評価できるようなテストを可能な限り探究することが求められているのではないでしょうか。ただ、この後見るような問題があることを十分理解しておく必要があり、高大接続テストの設計をむやみに難しくすることは避ける必要があります。

論文式試験の限界

論理的思考力・判断力・表現力など今の大学入試センター試験や大学入試で容易に把握できない学力について、「論文式の試験をやるべきだ」と言う人がいます。しかし、そうした人が論文式の試験の特性に通じているかというと必ずしもそうでない場合が多いようです。高大接続テストの設計にも関わるのでわき道にそれるようですが、触れておくことにしましょう。

論文式の試験は、多くの大学で学期に習った範囲について行う場合でも「秀、優、良、可、不可」の五段階程度で採点しています。大学入試の小論文などの採点でもそんなに細かい点差を設けることはなかなかできないものです。数人が同じ答案を採点して、後で合算したり、互いの評価が離れている場合には協議したり、様々な努力がなされています。そのようにして採点した小論文試験の結果を見ますと様々な問題があることがわかります。

典型的な問題として、小論文試験では成績が正規分布の形をとるにしても、相当の工夫をしないとたいてい分散が極めて小さくなり、大半の回答が中央値近傍に集まってしまうことを指摘することができます。ある文章や資料を見せて論文を書かせた場合、一定の学力がある場合には、文章や資料を読みこなして論点を整理することは大半の受験者ができます。そこを超えて、独自の考察などを行う受験者は五％程度、多くても一〇％くらいしかいません。つまり、小論文で優秀な回答者を選抜しようとするな

郵便はがき

料金受取人払郵便

札幌支店
承認

354

差出有効期間
H25年3月31日
まで

060-8788

札幌市北区北九条西八丁目
北海道大学構内

北海道大学出版会 行

ご氏名 （ふりがな）		年齢 歳	男・女
ご住所	〒		
ご職業	①会社員 ②公務員 ③教職員 ④農林漁業 ⑤自営業 ⑥自由業 ⑦学生 ⑧主婦 ⑨無職 ⑩学校・団体・図書館施設 ⑪その他（ ）		
お買上書店名	市・町 書店		
ご購読 新聞・雑誌名			

書　名

本書についてのご感想・ご意見

今後の企画についてのご意見

ご購入の動機

1書店でみて　　2新刊案内をみて　　3友人知人の紹介

4書評を読んで　　5新聞広告をみて　　6DMをみて

7ホームページをみて　　8その他（　　　　　　）

値段・装幀について

A　値　段（安　い　　　普　通　　　高　い）

B　装　幀（良　い　　　普　通　　　良くない）

HPを開いております。ご利用下さい。http://www.hup.gr.jp

ら、定員の一〇倍以上の受験者が必要になるのです。また、小論文では成績分布が正規分布のような単峰型でなく、二つの山になることもあります。

もちろん、素点主義をとる他の試験と同じ問題も生じます。国立大学の後期日程試験では小論文を課しているところが多いのですが、大学の試験の採点と同じような採点方法を採点者がとると極端に成績が悪くなる場合が出たりします。すると、総合成績がセンター試験と小論文から構成される場合に合否はほとんどセンター試験によって決定されてしまい、論理的思考力・判断力・表現力を重視して選抜しようとする大学側の意図が意味をもたなくなります。

このような問題を考えますと、論理的思考力・判断力・表現力を見るために単に論文式の試験を出せばよいという考えは適切でないことがわかります。そもそも、そうした試験が意味をもつためには、可能な限り高校教育の場でそうした教育が行われていなければなりません。論文式の試験の例としてフランスのバカロレアでの哲学の試験を例にあげる人がいます。二〇〇九年のバカロレアでは、理系の「哲学」の試験でも、「不可能なことを望むのは不条理か」、「どのような科学にも答えることができない問題というものがあるか」、「アレクシス・ド・トクヴィル『アメリカのデモクラシー』の抜粋を説明せよ」の三問が出題され、四時間かけて回答させています。しかし、それはフランスの高校にあたるリセに科目としての「哲学」が置かれていて、自己の思考形成を促す教育が行われていることを前提にしています。「知識重視でなく自己の思考を表現するような教育が必要だ」という考えと「論文式の試験が望ましい」という考え方を混淆して主張しても合理性は得られません。ついでに言うと、フランスの高校での「詰め込み教育」とバカロレアでの知識重視の試験は伝統的に有名で、知識重視と思考形成とが対立してはいません。

また、論文式試験・テストにもきちんとした用い方があることに注意が必要です。フランスでは、前に触れたように大学入学に「選抜」はなく、論文式の試験合格は、大学入学資格獲得を意味します。さきほど見たように、そんなに長くない文章を書かせる小論文の試験でも成績が中央値に寄るであるとか二つの山を形成するということを考えれば、論文を書かせる場合には、かなり厳格に論文やエッセイの構成を種々の項目に分けて評価・採点できるようにするか――ACTではそのような工夫をしてエッセイの採点をしています――、そうでない場合にはかなり大きな成績区分――大学の「秀、優、良、可、不可」などのような区分――で表示する必要が生まれます。そうした達成度評価方法を考慮して、論文やエッセイを書かせる場合にはどういう利用法があるかを考えなければなりません。

そこで、論文やエッセイを書かせる場合には、他の教科・科目に出題する問題の評価・採点とどのように組み合わせて評価を行うべきかという課題が生まれます。素点主義の評価のような簡単な積算が、新しいテストでも適切かどうか、十分検討する必要があります。

論理的思考力・判断力・表現力を把握することを論文式のテストによって容易に解決できるものではないことが理解できたかと思います。そこで、これからのテストの開発・設計にあたっては、そうしたことを踏まえた上で、新しい学力把握の方法を見いだすこと――それはすぐに可能となるとは限りませんが――が求められています。

とです。

テストの目的と性格が大切――一つのテストですべての学力を把握できるわけではない

テストの設計で重要なのは、高大接続テスト固有の目的と性格に合致するテストを設計するということです。

「学力とは何か」についてここで定義することはしません。それが多面的なものであることは、見解の相違があるにしても誰しもが認めるところです。しかし、そういう多面的な学力のすべてをバランスよく一つのテストで把握できるのかとなると疑問符がつきます。そのような試験・テストはおそらく今求めても得られないでしょう。今、大事なのは、高校が国民的教育機関となり、大学がユニヴァーサル化した段階で適切な高大接続が可能となる学力把握を構築することです。高大接続テストでの学力把握に限界があることは重々承知の上で、しかしそれを構築・導入する必要性を理解することが大切です。

かつて共通第一次学力試験が導入されたときに「あんなものは試験じゃない」という批判がありましたし、現在の医学系共用試験のＣＢＴについても「マニュアル的な知識しか見ることができない」などの批判があります。しかし、知識の達成度を確実に測ることが可能となれば、それと別の方法を組み合わせた学力把握がはじめて可能となるのです。アメリカでもイギリスでも共通テストだけの成績で大学の選抜は行われていません。日本では、不幸にも、入試の成績だけで選抜が行われてきたことから、テストで学力を把握するのが当たり前だという錯覚があるように思えてなりません。テストで測ることのできる学力には限界があり、あるテストはある目的にしたがって設計されるべきなのです。

4　成績評価の方法——適切なスコアでの評価の確立

高大接続テストは、従来の試験・テストのような素点主義から離れなければなりません。そして高校教育の達成度を適切な尺度で測ることを可能とする必要があります。そこで、今後、どのような評価方法をとるのかの検討が必要になります。

素点幻想からの脱却

従来の試験・テストでは、各教科・科目の問題に一定の配点を行い、正解の得点を積み上げて評価を行う素点主義的な評価法が長く定着し、そうしたテストでの一点が等しい重みをもつような考え方が当たり前のように受け取られてきました。しかし、そうした評価の仕方は適切だったのでしょうか。

第一に、前に触れましたが、実は従来のテストでなされている点数は決して絶対的な尺度ではありません。問題ごとへの配点もそれぞれウエイト（加重）づけされていることを理解する必要があります。一秒の差で第一位と第二位の差がつくのと、異なる問題への回答の結果合否を分ける一点差が生じるのを同じように見ることはできません。テストの場合の一点の差が異なる問題への回答から生じている場合は、陸上競技で百メートルのタイム差と円盤投げの距離の差を同一の評価点で比較するような芸当が必要とされるのです。

第二に、それぞれの問題（項目）についての配点の妥当性は、出題者の意図とともに、問題の難易度と受験者集団の能力に左右される場合が出てきます。このため、ある科目のある問題の正答率が全般的に非常に低いか高く、他の問題で正答の分布が適当にばらついているときに、正答率の低いか高い問題が成績の弁別にあまり影響しない場合があります。この場合は、正答率が全般的に高いか低い問題の難易度が大体は高すぎたか低すぎたかしていると見てよいでしょう。同じ問題は異なる科目間にも生じます。

これらの問題があるために、日本テスト学会では、採点基準を採点の途中でチェックして変更することや、素点ではなく偏差値などを用いた「尺度得点」を利用することを薦めています。[1]しかし、それでも受験者集団が変化した場合や複数のテストを比較するには大きな困難があること、さらに受験者個人の能力測定に限界があることはすでに明らかです。そこで、適切な評価方法とともに評価の表示法を検討することが必要となります。

高大接続に必要な評価尺度を求めて

項目応答理論（ＩＲＴ）を適用したテストの場合には、質問項目は一つの正答を独立に問う小問形式が基本となり、従来のテストが必要とした「標準化」、「等化」は少々乱暴に言えば事前に行われています。それに、可能であれば論理的思考力・判断力・表現力などを把握するテストが加わることになります。いずれにせよ、従来のテストの尺度となる素点に基づく評価は必要がないことになります。難易度や弁別力などに基づいて項目ごとにウエイトづけがなされることはあるでしょうが、受験者本人の達成度が正確に表現できる評価づけが可能となります。

問題は、その先にあります。従来のテストの場合には素点で表示するのか、それとも標準化した尺度点で表示するのかということが問題となりますが、ＩＲＴの適用を伴う高大接続テストでは、「どのような刻みでスコア（得点）を表示すれば教育上の高大接続に適切か」、さらに「総合判定を基本とする大学での入学者選抜などにも適切なスコア表示はどのようなものか」という問いに対する答えを出さなければなりません。そこではいろんな考え方が出てきます。実際にアメリカのＡＣＴ、ＳＡＴ、イギリスのＧＣＥのＡレベルでも様々な考えに基づいてスコアの表示がなされています。一番刻みの粗いのはＡＣＴで、一八点で中位の達成度を表し、一から三六点による評価がなされています。このような方法では、一点を争って獲得するというよりも、ある水準への到達が重視されます。しかし、もっと細かい刻みでの表示が望ましいという意見もあります。絶対にこれがよいという評価の刻みがあるわけではありません。

大学入試センター試験で、現在はリスニングのテストが行われていますが、リスニングの導入にあたって国大協は、「リスニングに細かい素点表示はそぐわない面があるので、大まかな達成水準をＡ、Ｂ、Ｃ……といったランクで表示するのを望む」という意見を出したことがあります。しかし、センター試験は素点に基づく表示を基本としていて、しかもそれが選抜に利用されるところから、「一点の差でＡとＢにランクが分かれるのは不合理だ」という意見などが出て結局素点表示になりました。高大接続テストとは目的と性格、それにテスト設計が大きく異なるので、そのような意見を高大接続テストに向けるのは適切とは言えません。大学での成績表示が五段階か四段階でなされているのに対して「一点差で優じゃなくなるのは不合理だ」という意見が出ないことを考えればよいでしょう。必要なことは、序列化のために達成度を細かく「素点」で表示することではなく、教育目的からして合理的で社会的に受容可能なスコアの表示法を構築することです。

５　問題プールあるいは項目(アイテム)バンクの構築

高大接続テストの設計とともに重要なのは問題プールあるいは項目(アイテム)バンクの構築です。前に、ＩＲＴを用いたテストでは、テスト経験が蓄積されればされるほどテストが安定化するということを述べました。テストの経験を重ねるほど難易度や弁別力など項目パラメーターと言われる情報記録が既知となる問題が蓄積されていくからです。医学系共用試験のＣＢＴでは、実施にさきだって問題プールを構築するための試行テストを行い、その後、試験実施に伴って問題プールからはずしてしまう問題も出てくるのですが、テストの実施とともに問題を蓄積して安定度を高めてきています。

このような問題プールの構築には、大学入試センターがこれまで実施してきた問題の蓄積を生かすことができます。センター試験ですと繰り返し問題を出すのは難しいのですが、ＩＲＴを用いた達成度テストではそれが可能となりますので、大学入試センターが蓄積しているデータは大きな原資とも言えるでしょう。

問題プールの構築は、これまでの試験問題作成とは異なる方法で進めることが可能です。たとえばセンター試験の場合、今の指導要領に基づくテストの作成のために、前に述べたように、直接作題にあたる委員だけでも二八科目にわたって数百人の教員を国公私大から集め、出題科目ごとに年間四〇日程度をかけて、厳重な情報管理の下で問題を作成しています。公平・公正な選抜の資料となる試験の問題作成だけに情報の管理は大変なコストを払うことになります。これに対して、医学系共用試験のＣＢＴでは、医学系の八〇の大学から様々な分野にわたって一定数の候補問題を毎年出してもらい、全国から集まった委員がその中から今後実際に問題として使えそうなものを試行にまわし、その結果、出題可能な問題を出題領域、項目難易度、項目弁別力ごとに蓄積するようにしています。教育上の高大接続という目的からするならば、高大接続テストの問題プール構築では、全国の高校教員、教育委員会指導主事などと大学教員から基準的な問題を毎年出してもらい、医学系共用試験のように試行にまわす問題を選択していけばよいでしょう。

従来の大学入試に関わる試験・テストでは、問題作成は大変なもので、しかも出題のベテランがいなくなるにつれてコストは増加し、出題ミスなども生じてきたのですが、高大接続テストでは、そうした諸問題は解決が容易となります。高校と大学関係者、それに大学入試センターの組織的な協力さえあれば、問題プールの構築は現在のセンター試験の作題に比べてはるかに容易になるからです。

6　実地研究

共通第一次学力試験では、一九七二(昭和四七)年に国大協が「全国共通第一次試験に関するまとめ」を公表した後に、翌年国大協の「入試改善調査委員会」でテスト設計を含む調査研究が行われ、一九七四(昭和四九)年から一九七六(昭和五一)年にかけて三万人を対象とする実地研究(試行試験)がなされ、一九七九(昭和五四)年から共通第一次学力試験が実施されました。

高大接続テストでもこれと同じように実地研究が必要になります。それによってはじめて信頼に足るテストを導入できるからです。それを通じて、一方では問題プールが構築され、他方ではテストの構成や評価尺度のあり方を適切なものにすることが可能となるのです。

二　テストの構築・導入のための組織的検討

高大接続テストを構築する上で検討するべき諸点は明らかになりました。次に取り上げなければならないのは、それをどのようにして組織的に実現するかを明らかにすることです。高大接続テストを構築・導入する組織や制度がなければ、どのように優れたプランでも「絵に描いた餅」で終わるからです。そして、この問題ほど難しいものはありません。なぜなら、既存の組織や制度があり、その変革を伴うからです。

1　まず高校・大学関係者の自主的な検討を

高大接続テストの目的と性格、そして今後の検討課題について述べてきましたが、検討課題への取り組みをはじめ、導入までの道筋をつけるには、何よりも高大関係者、具体的には、国大協、公立大学協会(公大協)、日本私立大学団体連合会(日本私立大学連盟(私大連)、日本私立大学協会(私大協)、日本私立大学振興協会によって構成)、全国高等学校長協会(全高長)、日本私立中学高等学校連合会(私立中高連)、全国都道府県教育長協議会、大学入試センターが、自主的に検討組織を構築し、検討を進める必要があります。

検討組織に課せられる課題は、大きくは二つあります。一つは、上で述べた適切なテストの設計・構築です。第二は、テストが実施される体制とその準備です。ボトムアップで始まった高大接続テストの検討をそのような検討組織によって継承し、テストの導入・実施を視野に入れて関係諸団体の意見を反映させながら、必要な施策を協議・研究することが要請されています。

「合成の誤謬」を避けて集合的な改革を――沃野でないと大樹も育たない

教育改革は、これまで文科省を中心に進められてきました。大学や高校は、どちらかと言うと改革を批評しながらも政策・制度を変革する主体とはなってきませんでした。その理由はいろいろとあるのですが、教育団体が大学、高校に分かれ、またそれぞれが国公私立に分かれ、さらに個別の大学、高校に分かれて競争的環境の中でそれぞれの利益を優先させてきたことがあります。

そのように自己の利益だけを追求していると、日本の高校と大学が置かれた状況は悪化するだけになります。たとえば当面して優れた生徒、学生を集めることができる高校や大学の関心は、教育上の高大接続を可能にするような普通教育の再構築や高大接続テストにあまり向かないかもしれません。事実、進学校と言われる高校は今でも八五単位以上を卒業必要単位として教育を行っていますし、難関大学と称される大学は大学入試の選抜機能を維持しています。では、進学校と難関大学の接続はうまくいっているのか？　そうは言えません。一見うまくいっているように見えるのですが、少子化によって高校生の絶対数は少なくなっているのですから、有名進学校や難関大学でも定員が変化していない限り、偏差値で言えば以前より低い層からの入学者が生まれているのです。教育上の高大接続を適切なものにしていかないと全体が衰退する状況が生まれます。

高大関係者が適切な高大接続システムを自ら構築しない限り、それぞれの団体や高校、大学にとっては合理的かもしれないのですが、高大接続の機能不全はより深刻なものとなり、一握りの進学校と難関大学だけが力量を低下させながら生き残る中で、多くの高校で高大接続を見据えた教育の達成が困難となり、「エリート段階」や「マス段階」での大学教育を支えてきた大学が教育の質を維持できなくなります。それは、不況期に個々の企業が雇用削減などを行って経営を立て直すとき、個々の企業にとっては合理的である行動が社会全体で見れば失業を深刻化させ、不況を長引かせてしまう「合成の誤謬」にも似ていると言えるでしょう。協議・研究報告書は、現在の高大接続が生み出す結果を、「やせ衰える大学教育」と「底が抜ける高校教育」という言葉で表現しています。荒蕪地には大樹は育たないでしょう。それと同じで、日本の高大接続を全体として改革しないと、進学校や難関大学も縮小するしかないのです。

そこで、求められるのは、高大接続テストの構築・導入に向けて、それぞれが自己に合理的な方途を追求して「合成の誤謬」に陥ることなく、主要団体が集まり、集合的営為としての高大接続テストの構築・導入の具体化に着手することです。特に、これまで大学入試改革を先導してきた国大協、公大協それに日本私立大学団体連合会、そして全国都道府県教育長協議会、全高長、私立中高連の高校関係主要団体、大学入試センターは、その使命を果たすべき中心に位置しています。それらの団体・関係者が意識的に高大接続テストの構築・導入に向けて、自ら主導して国や社会に働きかけることを含めた行動を起こすべきではないでしょうか。

検討するべき課題

高大関係者による検討組織で検討するべき課題は大きく言えば三点あります。

①テストの設計・構築組織の設置とそれによる研究・開発の推進

何よりも必要なのは、検討組織の下に、さきにあげた高大接続テストの設計・構築を行うために適切な機関を設けて、実地研究・実証研究を含む研究・開発によってテストを具体化することです。

②テストの利用方法の検討

テストの設計・構築と並行して行わなければならないのは、利用方法の検討です。それはテストがどのようなものとなるかと密接に関係しています。そして、具体的な利用方法の検討は、高大接続テストが一方では「教育ツール」であり、他方では「大学入学者選抜ツール」であることから、高校教育における普通教育の再構築に基づく高大接続と大学入学者選抜改革の両面で、それぞれの課題に関係する団体でも検討を欠かすことができません。

③実施主体の選択

最後は、テストの実施主体をどうするのかです。いずれの国のテストでも公的団体かテスト専門機関が実施主体となっています。これまで述べてきたことからも、大学入試センターを継承して、高大関係者が共同でその機能を支える実施主体を設けるのが合理的だと考えられますが、それでよいのか、それとも別のテスト専門機関を設けるのかを決めなければなりません。

構築・導入までの期間について

テストの具体化については、十分な検討が必要ですが、知識基盤社会の進展や大学進学をめぐる社会変化の速度などを考えるとき、可能な限り準備期間を短縮することが望ましいでしょう。

共通第一次学力試験では、一九七二(昭和四七)年に国大協が「全国共通第一次試験に関するまとめ」を公表した後に、一九七三(昭和四八)年に「入試改善調査委員会」で調査研究、一九七四(昭和四九)―七六(昭和五一)年に三万人を対象とする実地研究(試行試験)がなされ、その結果として共通第一次学力試験に関する構想が国大協から公表されました。同時に、文部省に対して国大協は「国立大学入試改善調査施設」設置を要求し、一九七六(昭和五一)年に東京大学に施設が設置、さらに一九七七(昭和五二)年に大学入試センターがあらためて設置され、共通第一次学力試験は一九七九(昭和五四)年から実施されました。七年もの期間を要したのです。

高大接続テストの構築・導入にも十分な準備過程が必要ですが、協議・研究報告書は、報告書の作成が国大協の「全国共通第一次試験に関するまとめ」に相当するとしたとして七年間にもわたる準備期間が置かれた場合にはテストの実施が二〇一七(平成二九)年になることを懸念して、現状から見てあまりに長すぎると述べています。準備期間については極力短縮することが望ましいでしょう。一年の遅れがそれだけの社会的損失をもたらすことを理解しなければなりません。

2　国・文部科学省は高大関係者の努力の支援を

高大関係者による今後の検討は、しかしながら、文科省を中心に国の支援を欠かすことができません。関係諸団体への調整や初期投資が必要だからです。中教審答申『学士課程教育の構築に向けて』は、「国によって行われるべき支援・取り組み」として高大接続テストの協議・研究を推進したのですが、高大関係者が種々の困難を乗り越えて一致して報告書を出したのですから、積極的に報告書を具体化するための支援に取り組む必要があります。

適切な高大接続を実現することは、高大関係者にとって直接の課題ですが、同時に国民的教育体系・学校制度をいかに機能させるのかという公共的課題にほかなりません。しかも、それは初等中等教育と高等教育という大きな二つの領域に関係する課題なのです。第六期中教審では、中高接続や大学教育の質の向上、大学の機能分化などが審議対象となっていますが、それらについても日本型高大接続の転換を視野に入れずに検討することはできないでしょう。

高大接続の機能不全がこのまま数年でも継続するだけで、さきほど述べたように、社会的損失は大きなものになるでしょう。様々な大学入試に振り回される高校での教員や生徒、初年次教育に追われ、大学院レベルでも一般的な基礎知識の欠乏が問題となる大学を考えれば、それは容易に理解できるはずです。しかもテストの構築・導入が決まったとしても、その実施はテストを受ける生徒が高校に入学した二年より後になる可能性が高くなります。

高大接続テストの協議・研究報告書は二〇一〇(平成二二)年の九月に出されましたが、残念なことに、二〇一〇(平成二二)年度の第五期中教審では審議されず、二〇一一(平成二三)年度の中教審での審議案件にもなっていません。高大関係の主要団体から集まった委員によって作成された報告書がすぐ生かされないのは相当の問題だと言わざるをえません。不況や震災の中でしばしば指摘される「改革の意思決定が遅い」という現象を教育の分野では見たくないものです。文科省が、日本型の高大接続の転換を図るために、時宜を逸することなく課題に取り組むことを期待してやみません。

（1）　日本テスト学会(二〇〇七)、三七—五六頁。

第5章　高大接続テストと教育・入試改革

高大接続テストは、日本型高大接続の転換にとって不可欠のものですが、それで日本型高大接続の中で起きている様々な問題をすべて解決できるわけではありません。そして、そのような問題を意識することなくテストを導入した場合には、今までよりも改善されることがあったとしても、同時に負の側面も生じる可能性があります。どのような政策・制度にしても光陰、正負の両面があります。ですから、高大接続テストについても、どのような問題が起きるのか、それらをどのようにして解決するべきかを考えなければならないでしょう。

テストですべてが解決するわけではない

高大接続テストは、これまで述べたことからわかるように、高校が国民的教育機関となり、大学教育が「ユニヴァーサル段階」を迎えた中で、教育上の高大接続を確かなものとするためにあります。共通の客観的学力把握を可能とすることによって、高大接続に必要な高校段階での普通教育の再構築とわが国の高大接続の制度的な再編と安定を図るために構築・導入するテストです。ですから、高大接続テストは、入試改革を直接の目的とするものではなく、高大接続のための教育改革を担っていると言えます。

しかし、教育上の高大接続は、高大接続テストによってすべて解決できるというものでもありません。第一に、高大接続テストは基礎的教科・科目の学力把握を目的としたテストですが、前にテストの設計のところで述べたように、学力把握にしても一定の限界があります。一般に達成度テストは、応用を含む知識修得の達成度を測るには適していますが、知的能力全般を見るには限界があります。現行のセンター試験もそうした限界を抱えています。たとえば、ある問題に間違った回答をしたとしても、それを前提に次の推論段階での問題への回答は可能な場合があるのですが、そのような重層的な論理を含む設問形式は採用されていません。もちろん論争がある問題に関わる出題もしていません。個別学力試験が記述式や論文形式の試験を主流とするのはセンター試験がこうした限界をもっているからです。

こうした弱点を克服するためのテスト開発、つまり論理的思考力・判断力・表現力を測るに適したテストの開発が望ましいことは言うまでもありませんし、前の章でそのことについても触れました。しかし、学力テスト一般にある限界があることは確かです。論理的思考力・判断力・表現力などを十分に把握することには限界があります。すると、すぐ「だからこんなテストではダメだ」という意見が出たりするのですが、基礎的学力を測るテストにあまりに多くの課題を負わせるとテストそのものの目的の達成が難しくなります。高大接続テストを基礎的教科・科目の達成度把握に関する万能の手段と考えてはいけません。そのように考えるのは、あたかも万能の包丁を求めて何を切るにも中途半端な刃物をつくることに通じます。高大接続に必要な学力を多面的に把握し、それを高大接続にいかに生かしていくのか、そのような課題を今後の教育や入学者選抜方法の中で追求していく必要があります。

第二に、高大接続に必要な学力は、どんなによくできたテストがあるとしても、それを超える範囲に及びますし、さらに「学力」と一般に言われている範囲を超える知的能力や種々の資質も存在します。それらを含めてどのように適切な高大接続を実現するのか、それが教育と入学者選抜に課せられた課題となります。

グローバルな知識基盤社会にふさわしい高大接続を実現するためには、高大接続テストの実現を契機に、わが国の中等教育と高等教育を接続するための一層の教育改革と入学者選抜方法の改革が必要であることを理解し、それに向かって取り組んでいく必要があります。

一　教育面での高大接続のための改革の諸領域

高校教育と大学教育の「裂け目」を埋める教育改革を

高校が国民的教育機関となり、大学進学率が五〇％を超えた現代にふさわしい高大接続を実現しないことには、知識基盤社会を構築することは到底できないでしょう。それに加えて、日本の大学進学率が国際的に見て決して高くないどころか低いことにも注意する必要があります。グローバルな知識基盤社会の形成は、現在の水準をはるかに超えた大学進学がなされる社会をしっかりと構築するという課題を教育制度・政策に負わせているのです。

そのような課題に応えていくためには、「高校教育は中等教育の領域で、大学教育は高等教育の領域だ」というような領域区分意識を越えていく必要があります。高校教育改革は小学校からの積み上げで初等中等教育の領域で検討され、大学入学者選抜改革は高等教育に属する課題として検討される……従来のそのような領域区分にこだわると初等中等教育と高等教育の二つの領域にまたがる高大接続のような課題の検討は抜け落ちてしまいがちになります。

事実、高大接続テストの検討の提唱は、二〇〇五(平成一七)年度から大学入試センターに設置された「大学入試センター試験の改善に関する懇談会」や二〇〇六(平成一八)年度の文科省高等教育局の「大学入学者選抜方法の改善に関する協議」(入試改善会議)での五回にわたる集中審議の場から開始され、中教審の大学部会での審議を経たのですが、そのためいつまでも「入試改革のために高大接続テストが提唱されたのではないか」という疑問が出されてきました。また、高校学習指導要領の改訂はほぼ文科省初等中等教育局で検討されてきましたが、前に触れたように、高校の国民的教育機関化の視点から要請される教育課程弾力化による学習指導要領改訂にあたって、「高大接続に必要な教育課程はどうあるべきか」という議論はほとんどなされてきませんでした。

このような高校教育と大学教育の間の「裂け目」はどうしても埋めなければなりません。高大接続テストは、高校と大学の両者によって構築・導入するものですから、こうした「裂け目」を埋める改革の第一歩にもなることができますが、それにとどまらない努力が必要となるのです。

学習指導要領のあり方の検討

何よりも第一に、高大接続に必要な高校教育課程の検討がなされなければなりません。従来と同様に、高校学習指導要領によって教科・科目のくくり方と学習範囲・到達目標、単位数などを定めることを前提とした場合には、その中で高大接続に必要な普通教育の内容と水準を明確にする必要があります。その際に特に留意するべきことは、教育上の高大接続に必要な教科・科目のくくりと内容・水準をある程度安定化させることです。というのは、表6で見たように、科目のくくりと内容は学習指導要領の改訂のたびに変化し、それによって大学入試に課す教科・科目が大きな影響をこうむってきたからです。前に、センター試験での出題科目が学習指導要領の科目とは異なることを述べましたが、そうした努力には限界があります。二〇〇九(平成二一)年告示の学習指導要領改訂でもそれまでの理科の科目のくくりと大幅に変わり、たとえば、「物理Ⅰ」、「物理Ⅱ」にそれぞれ三単位が配当されていたのが「物理基礎」に二単位、「物理」に四単位を配当するようになり、学習範囲も変わったのですが、それはセンター試験や個別試験での入試科目の立て方に大きな影響を与え、ひいては高校での科目選択にも大きな影響を与えています。しかし、高大接続に必要な基礎的教科・科目の範囲はこの数十年間そう大きく変化してはいません。人によっては、「学習指導要領の改訂があるので、基礎的教科・科目のくくりや教育の範囲が変わり、その結果、長期の安定した共通テストはできない」とまで言います。そのようなことでは、安定した高大接続を実現することはできないのではないでしょうか。

また、現在の指導要領では「卒業までに履修させる……各教科に属する科目及びその単位数」を定めていますが、高大接続を視野に入れた場合には「履修」ではなく「修得」するべき単位数を明らかにするべきかどうかを検討する必要があります。なぜなら、「履修」はその科目を理解して単位を「修得」することを意味しないからです。ある科目を選択して、「赤点」をとって単位を「修得」できなくても「履修」したことにはなるからです。「履修」されれば「修得」に至らなくてもよいというのでは、必履修にも抜け穴が生じかねません。

もちろん、現行の高校学習指導要領のような形で細かくナショナル・カリキュラムを定める必要はないという考えも成り立ちます。「どの国も教育改革を国家戦略として位置づけ、ナショナル・テストによる中央集権的評価を推進しているのも事実であるが、もう一方で、カリキュラム政策と教師政策においては分権改革を推進し、国家が定める教育内容を大綱化し、カリキュラム編成の権限および学校経営に関する権限を、中央の教育行政機関から学校と教師に委譲する改革を実施している(1)」という指摘もあるからです。その場合には、高大接続に必要な高校教育の内容と水準は、なお一層高大接続テストが行う学力評価・把握の内容と水準に依存することになります。この場合には、日本型高大接続の転換は、中央集権的カリキュラム行政と分権的学力評価の組み合わせから分権的カリキュラム行政と中央集権的学力評価の組み合わせへの転換を含むことになります。それがよいのかどうかも含めて今後検討するべき課題それ自体があることは確かです。

高大連携の深化

第二に視野に入れなければならないのは、適切な高大接続が、高大連携と言われる領域を必要とすることです。高校と大学の間の接続が問題として取り上げられたのは、おそらく一九九九(平成一一)年一二月一六日に出された中教審答申『初等中等教育と高等教育との接続の改善について』を嚆矢とします。それ以来、「接続」という用語が使用されるようになったのですが、そこに以下のような記述がありました。

　初等中等教育と高等教育の接続を考えるに当たっては、とかく入学者選抜に焦点が当たりがちである。しかし、高等学校卒業者の約七割が何らかの形の高等教育を受けている状況の下で、これまでのようにいかに選抜するかという視点よりもむしろ、学生がいかに自らの能力・意欲・関心に合った高等教育機関を選択するか、あるいは、大学が求めている学生を見いだすか、特に、今後はいかに高校教育から高等教育に円滑に移行させていくかという観点から、接続の問題を考えるべきであって、入学者選抜の問題だけではなく、カリキュラムや教育方法を含め、全体の接続を考えていくことが必要であり、初等中等教育から高等教育までそれぞれが果たすべき役割を踏まえて、一貫した考え方で改革を進めていくという視点が重要である。(2)

ここから答申は、「カリキュラムや教育方法を含め、全体の接続を考えていく」という観点から見た施策、つまり「学校教育の連続」から見た施策として、①「高等教育を受けるのに十分な能力と意欲を有する高等学校の生徒が大学レベルの教育を履修する機会の拡大方策」、②「大学がその求める学生像や教育内容等の情報を的確に周知するための方策」、③「高等学校での生徒の能力・適性・意欲・関心等に応じた進路指導や学習指導の充実」、④「入学者の履修歴等の多様化に対応して大学教育への円滑な導入を図る工夫」、⑤「高等学校関係者と大学関係者の相互理解の促進」などをあげています。一見してわかるように、実は、高大接続の上で最も重要な教育課程上の接続をいかに図るかという問題には踏み込んでいませんでした。

しかし、高校が多様化し、大学進学率も高まる段階では、従来の入学試験を中心とした選抜に依存することはできないので、高大間での連携・協力や多様な進学者を受け入れるための大学の入学者選抜方法の改善を進めるべきだという視点から、答申は、高校生が大学の授業を受ける機会を設けること、大学が高校に情報を提供すること、そして従来の入学試験に依存しない選抜を導入することを提唱したのです。ここから、高校と大学進学者の「多様化」に対して、ミスマッチが起きないようにするための工夫が開始されました。高大連携授業やオープン・キャンパス、そして「アドミッション・ポリシー」や広報の充実などが始まったのです。

これらの試みは、一方では高大接続の光景を一変させました。部分的にせよ高校生が大学での講義を体験することが可能となり、様々な大学の広報活動がなされて、高校生の大学理解は以前にまして進んだと言えます。しかし、他方では教育上の接続の核とも言うべき教育課程のあり方と学力把握の仕組みを欠いていたために、大きな限界をもっています。高校での履修の選択幅の拡大、非学力選抜や少数科目入試の拡大を前提としていたために、これらの高大連携は、個々の大学の広報活動や限られた高校での連携プログラムなどにとどまらざるをえませんでした。

高大接続テストの構築・導入は、高大連携をもう一段広く深いものにする可能性を与えます。高校では、普通教育の成果と大学での勉学をつなげることが可能となりますし、大学入学者選抜改革が高大接続テストを契機に進めば従来の形式的なアドミッション・ポリシーに代わるアドミッション・ポリシーを示していくことができます。その延長上では、個別の大学なりある大学群が、高校での普通教育の一定の達成の上で望む教科・科目や課外活動などを示して、場合によっては大学教育に直接つながる予備的教育を導入する可能性も生まれてきます。

知の世界の喜びをもたらす教育の必要性

第三に、高大接続にあたって欠かすことのできない教育改革は、教育方法の改革です。よく「高大接続テストが導入されると知識の獲得に偏した教育がまた復活する」と懸念する人々がいます。果たしてそうなのでしょうか。そうした考えの背後には、「知育」は勉強を必要とするつまらないものだという考えがちらついて仕方ありません。しかし、知識の獲得は、大学での教育の基盤であるとともに、人間の存在そのものに関わることだということを忘れてはいけません。

人間は、未知の世界に囲まれる中から、理解可能な世界を生み出し、それを拡張して種々の制約から自己を解き放ち社会を発展させてきました。努力や勉強が必要とされるにしても、新たな知識を得て理解可能性を広げることは何よりもまず喜びを学習者にもたらすのです。つまり、「知育」は「つまらないもの」ではなく、むしろ未知の世界を知る喜びを与え、さらに進んで探求する力をもたらします。
知識の獲得という行為は本来人間にとって喜びを与えるものです。そこで問題は、知識の獲得を推進すること自体ではなく、知識の獲得なり「知育」を「楽しいもの」でなく「つまらないもの」としている教育のあり方ということになります。知的世界に魅力を感じて、そこに向かう姿勢を欠いた場合には、知識は死んだものとなってしまい、生徒・学生の人間としての成長を阻害します。人間が未知の世界を探訪する喜びを与えることこそ本来の教育であるべきです。

高大接続テストの構築・導入は、基礎的教科・科目の普遍的な学習成果を把握する仕組みです。ですから、一方では、個別の大学入試に振り回された高校教育を転換するためのインフラストラクチュアとなります。と同時に、他方では、普遍的な知識獲得をより楽しいものにしていく努力を教育関係者に求めることになります。専門高校を含めて普通教育の最後の段階で高校生が基礎的な知識を獲得する喜びを体験し、将来さらにそれぞれがもつ課題を解決する上での基礎的な知的能力を獲得しうるか否か、それは生徒・学生の人間としての成長を決定し、同時に日本の社会の未来を左右すると言って過言ではないでしょう。最近ＯＥＣＤのＰＩＳＡ調査(Programme for International Student Assessment)が話題になりますが(ＰＩＳＡ型学力と言われるもの)、実はそのような知的能力の達成に関係しています。

高校の国民的教育機関化に伴って中高の接続も大きな問題となっていますが、こうした接続問題を解決するには、生徒の知的関心、知的好奇心を高めることが、そして普通教育をしっかりと築くことが大事ではないでしょうか。「知育」ではなく「体育」や「徳育」、「情育」に重点を移すのでは解決できない大きな問題があることを理解しなければなりません。

二　大学入学者選抜制度の改革

「落第試験」からの脱却を

高大接続テストの導入とともに、「大学全入」段階での入学者選抜制度自体の改革が必要とされることは言うまでもありません。高大接続テストが導入されれば、長く文科省が追求し、「四六答申」などが実現を図った「総合判定主義」に基づく選抜が可能となります。選抜性の高い大学でも、アメリカの大学のように、テストによる基礎学力の確認とともに高校の調査書を組み合わせた書類選考、さらに面接なども加えて、テストで測ることのできない学力や能力・資質・個性・情熱などを考慮に入れた選抜を安定して実施することができるのです。

その結果、あまりに高いコスト負担と基礎学力担保についての不確定性から推薦・AO入試の拡大に踏み切れていない国立大学もAO型の選抜を行うことが可能となります。また、現在の非学力選抜や少数科目入試は合理的な基礎をもったものとなり、選抜性の低い大学では高大接続テストでの一定の達成度があれば入学を認める「資格入学制」のような選抜方式を採用できるようになります。つまり、個別大学の個別の募集単位ごとに入試問題を作成して、定員を上回る志願者を序列化された点数のみによって不合格とする「落第試験」から脱却して、具体的なアドミッション・ポリシーを示して、それに合致する学生を「とるための選抜」に大幅に近づくことができます。また、選抜の形態も大学の機能分化に応じることが容易になるでしょう。

国大協は高大接続テストの実現とともに国立大学の入学者選抜制度全体を見直すとしていますが、公立大学、私立大学も含めた、従来の募集単位ごとの学力選抜を中心としてきた入学者選抜制度全体の改革が要請されます。もちろん、すでに一部触れたのですが、学力入試のあり方とともにセンター試験のあり方の検討が必要となります。可能であれば、大学入試センターは高大接続テストの実施主体として再編されるべきでしょう。

高大接続テストに加えてどうしても選抜試験が必要だという場合があるかもしれません。たとえば、今のセンター試験やACTのようなテストでは紙ベースでの出題がなされていることから、難易度の異なる試験問題を出すのに限界があります。イギリスのオックスフォード、ケンブリッジなどでGCEのAレベル以外の共通テストを課しているのはそうした理由に基づいています。もちろん、高大接続テストにコンピューターを用いた客観テスト(CBT)に基づくコンピューター適応型テスト(CAT)を導入できれば、かなり難易度の異なる試験問題を出すことができます。しかし、高大接続テストを紙ベースでやらざるをえない場合には「難関大学」はさらに別のテストをイギリスと同じように準備しなければならないかもしれません。そのような場合でも、個別大学が現在のような入試を行うのではなく、大学入試センターがそうしたごく一部の大学のために共通のテストを提供するのが適切ではないでしょうか。

高大接続テストは、グローバル化の中でも大きな意味をもちます。現在の日本では、留学生の受け入れに大きな障害が存在します。その一つは、外国で実施される日本語を含む教科・科目の共通試験が不十分なことです。「日本留学試験」が実施されるようになっていますが、試験はセンター試験型の素点主義に基づいていてアメリカのＴＯＥＦＬのような安定性をもちませんし、何よりも外国での実施拡大が遅れていて「渡日前の合否決定」ができていません。もう一つは、すべての大学が個別に多様な学力試験を実施するという特異性があることです。そこで、国立大学は定員外で「外国人留学生特別選抜」を実施していますが、留学生のための入学試験がやさしくなる一方で「特別試験」として位置づけられることから入学定員の拡大には結びついていません。しかし、高大接続テストが実現するならば、一方では「日本留学試験」のうち「日本語」を除く部分は高大接続テストと同じ達成度テストに置き換えて標準化し、他方では「日本留学試験」をグローバルに展開することによって大幅な留学生の受け入れを可能とする道を開くことができます。

学年暦の検討の必要性

国大協の二〇〇七(平成一九)年の「報告」は、「大学入学者選抜制度全体についての検討も今後必要である」として、「高等学校を三月に卒業して四月から大学に入学するという『学年暦』の在り方」を問題としています。

日本の学校制度の中で、明治維新後九月と定められていた入学時期は、明治中期に会計年度や陸軍士官学校の入学時期に合わせて四月となりました。それでも旧制高校や帝国大学が四月入学となったのは大正期でした。義務教育期間の小学校から中学校への進学は別として、選抜を伴う段階での「三月卒業、四月入学」は進学の前段階の教育に大きな影響を与えます。中学や高校は、それぞれ高校入試、大学入試を控えて三月まで教育課程に基づく授業等を実施することが困難となるからです。

特に、大学への進学となると、一月にセンター試験があり、一月末からは私立大学の一部の入試が始まります。高校での教育は、当然のことながら大きな影響を受けて、進学校と言われる高校では三年生の一〇月からは受験対策にシフトする傾向があります。しかし、それでは高校学習指導要領に基づく教科・科目の学習に支障が生じるのは目に見えています。現在の学年暦のあり方は、教育にかなりの圧力がかかることをもたらしていると言えるのです。

外国でも日本のような例は少ないと言えます。欧米では六月に卒業して九月に入学しますから選抜に余裕がありますし、高校での授業も普通に行うことができます。学年暦を、会計年度にしたがった財政上の理由からでなく、教育上の視点から合理的に定める必要があるのではないでしょうか。もちろん、小学校から始まる学年暦を九月入学、六月卒業のように変えることがよい選択であるかどうかはよく検討する必要があります。あるいは高校までは現在のような学年暦でもよいかもしれません。ただ、高大接続についてはかなり無理があることは確かです。高校での教育がきちんと三年生の最後まで行われることは進学先の大学にもよい効果をもたらすはずです。さらに、総合判定主義に基づく丁寧な選抜は、現在の三月卒業、四月入学ではかなり難しいと言えます。

学年暦については、よく「国際的なスタンダードから見て九月入学、六月卒業が望ましい」という意見があるのですが、むしろ日本の高大接続という教育上の視点から見て、学年暦の改革を行う時期に来ているると言えます。高大接続テストの導入を展望するとき、現行制度を漫然と維持することは許されないのです。

「定員」管理のあり方の検討

国大協の「報告」は、さらに日本特有の制度としての大学入学定員管理について触れて、「欧米の大学に見る『資格入学制』などを排除すると同時に、定員の厳格な適用が僅差での合否決定をもたらし、あるいはアドミッション・ポリシーに関係なく入学させることをもたらしている」と述べ、「わが国独自の制度である『定員』」について議論する必要性を述べています。これも、高大接続の本質に関わる問題です。

定員を設けることは、教育上の合理性をもっています。フランスのように定員がなく地区バカロレアを通った学生が地区の大学にすべて進学するような場合には、学期当初にものすごい数の学生が授業からあふれ出るというようなことが起きます。また、かつて一九六〇年代後半から七〇年代にかなりの「水増し入学」があり、それが学生から批判を受けたこともあります。そこで、定員を設けて、適切にそれを管理することは、教育上必要なことです。

しかし、定員管理があまりに厳格となると問題が生じます。その最もよい例は入学定員どおりに合格者を決定した場合、合否がほんのわずかの差で決まってしまうということでしょう。前にも指摘したように、試験の成績で数点の差があっても、合否が中央値に近いところで分かれる場合には、同質の受験者集団から点数差だけで合否を決定することが起きます。ところが、数倍の受験者があっても時には〇・一点差、あるいは同点でセンター試験と個別試験の成績の比較で合否が決定する場合があります。言い換えれば、入学定員管理を厳しくすると、もともと「落第試験」であった入試が一層合理性を欠く「落第試験」となります。成績分布がどうなるかによるのですが、「ここまでは同じ達成度をもつ集団だ」と明確に判断できる場合には、その集団全体を合格させた方が教育上合理的とも言えるのです。

もちろん、高大接続テストが実現して総合判定主義に基づく選抜が行われるようになれば、「落第試験」に伴う問題はかなりの程度回避できるようになります。しかし、それでもあまりに入学定員管理が厳しくなると、今度は入学させた学生を必ず卒業させて「収容定員」――四年制の大学であれば入学定員の四倍にあたる定員――どおりに在籍者数を維持することが生じてきます。定員管理は入学定員だけでなく収容定員にもかかるからです。

入学定員については、近年入学者確保をめぐる競争が問題となったことから管理が一層厳しくなってきました。私立大学は国立大学が定員を上回って合格者を出すことを批判し、文科省は定員の二〇％以上を上回る入学者がいる場合、その大学には授業料収入などがあることから国費（運営費交付金）の支出を抑制しています。それと同時に、収容定員に対する在籍学生数も大学評価の対象とされています。在籍学生が収容定員を上回るのは進級できない学生が出た場合に生じますし、収容定員を下回るのは退学が多くなると生じます。当然ですが、入学定員と収容定員をともに満たそうとすると、入学者を必ず留年なしに卒業させるということになります。図16は、入学者の中から標準的修業年限で卒業した者の割合ですが、日本だけが突出して高いことがわかります。つまり、入学したら卒業させるのが基本だというわけです。

欧米を基準とすれば、入学者の大半が卒業するというわが国の大学教育のあり方は特異なものとしか言えません。また、日本でも、学制開始以来長く義務教育の後の教育では多くが落第し卒業に至らないことが普通でした。旧制中学ですら入学者の相当程度が落第し卒業に至らなかったことが当たり前の時期があったのです。

各段階の学校の教育目的は、決して入学者を卒業させることにはないはずです。入学した学生がそのまま卒業するのは喜ばしいことですが、それが目的となって卒業に必要な教育の達成度があいまいになってはいけません。「教育の質保証」を追求し、「出口管理」をきちんとしようとするならば、定員管理をきつくするよりも、定員を上回るあるいは下回る学生がいようと、教育の達成度を重視するべきではないでしょうか。少なくとも、定員管理は収容定員段階にとどめて、入学定員は緩くするなどし、大学間の学生の流動を図るなどが考えられてしかるべきでしょう。

高大接続テストを有効に利用するためには、学年暦や定員管理など、直接に入学者選抜制度に関わらない諸問題についても今後検討されることが必要となっています。いずれも予算制度と結びつくので改革が困難とされていますが、教育界では長く議論されている課題なのです。問題の回避や先送りではなく、解決が必要とされる段階に来ているのではないでしょうか。

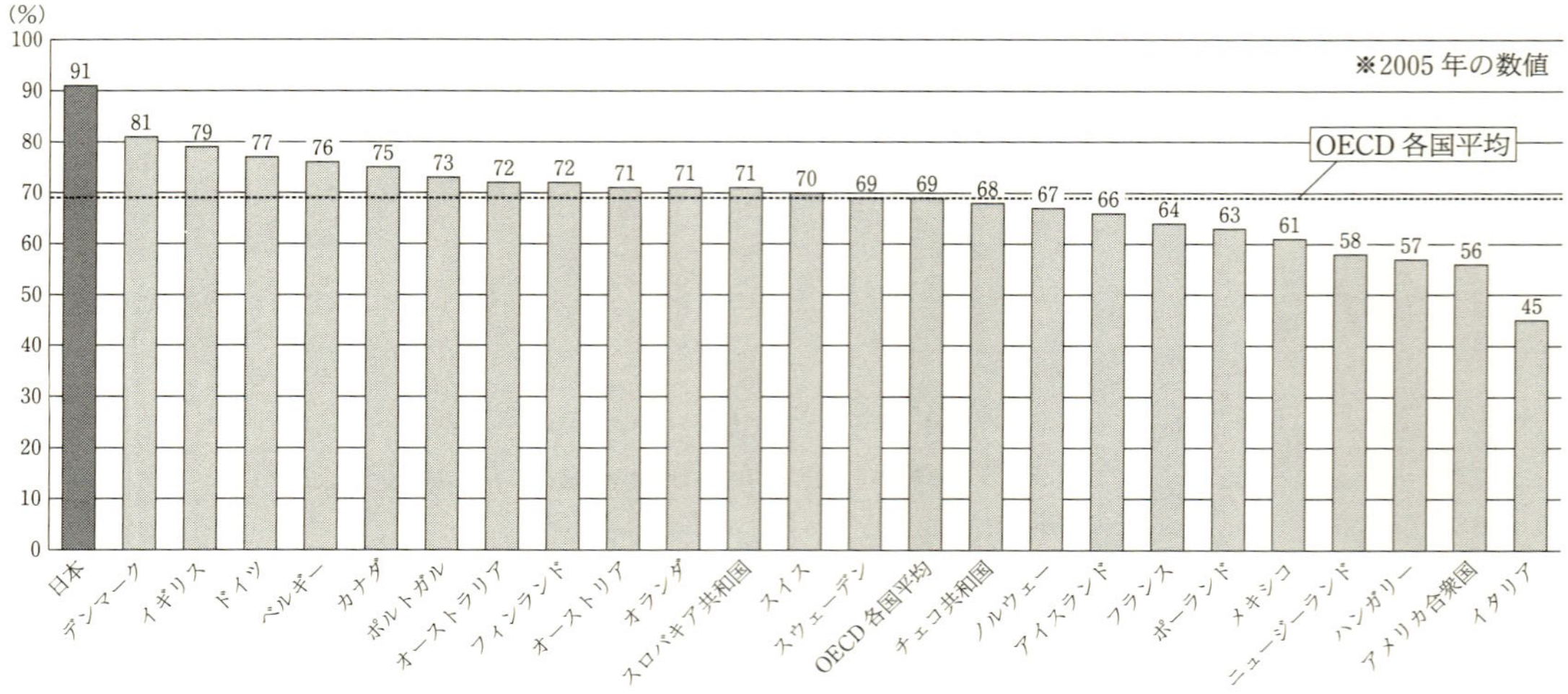

図16　大学型の高等教育修了率の国際比較

（注1）「大学型高等教育(ISCED5A)」とは，主として理論中心・研究準備型プログラムで，通年教育年数がフルタイム換算で3年間(一般的には4年以上が中心)のもの(日本では，学士・修士に相当)。
（注2） 大学型高等教育の修了率は，大学型高等教育の卒業者数を，その標準的な入学年(修業年限)の入学者数で除した値である。
文部科学省，中教審答申『学士課程教育の構築に向けて』より。

第Ｉ部で、日本型高大接続の転換が迫られていること、転換のためには高大接続テストの構築・導入が必要であること、日本型高大接続の転換を担うテストの目的・性格・あり方、さらにテストの構築・導入にとどまらない教育改革・入試制度改革が必要であることを明らかにしてきました。これらは、協議・研究報告書で述べられていることを筆者なりに敷衍したものです。しかし、これだけでは、おそらく現在高大接続が置かれている状況を理解するには不足でしょう。そこで、以下、第II部では、協議・研究報告書を越えて、日本型高大接続がもつ諸問題への筆者なりの考えを示すことにしましょう。

（１）東京大学学校教育高度化センター（二〇〇九）、一八―一九頁。
（２）中教審（一九九九）、第四章第二節。

高大接続テストの要点

1．高大接続テスト構築・導入の必要性

「大学全入」段階では，大学入試によって高大接続に必要な教育上の連続・接続を確保する「日本型高大接続」は機能不全になっている。高大接続を構成する２面——教育上の接続と選抜による進学——のうち，教育上の接続を確かなものとする仕組み(高大接続テスト)が必要とされている。

2．高大接続テストの目的

1）高校段階での教育の達成度を客観的に把握する

2）選抜機能を失った大学入試に代えて総合判定などを可能とする学力把握を実現する

3）教育上の高大接続に不可欠の高校での普通教育の再構築を可能とする

4）大学におけるリメディアル・初年次教育に必要な資料を提供する

3．高大接続テストの基本的性格

1）基礎的教科・科目を高校生が学習することを促し，普通教育の達成を促すテスト

2）集団の中での相対的な位置ではなく，目標準拠的な達成度を測るテスト

3）基礎的教科・科目の標準的な問題を出題するテスト

4）１回限りの試験に左右される従来のテストではなく複数回受験可能で，目標達成を促すテスト

4．高大接続テストの基本構造

「目的」と「基本的性格」への対応は従来の試験・テストで

はできない。そこで，異なる問題セットでも達成度評価が可能な項目応答理論(IRT)などに基づいた新しい目標準拠的な達成度テストとする。

5．高大接続テスト具体化のための課題

1）適切なテストの設計

①テストに出題する教科・科目の範囲と科目のくくり方

②テストの実施時期と実施回数

③IRT を基礎として適切な学力を測ることのできる達成度テストの開発

④素点に代わる成績評価の仕組みの確立

⑤異なる問題セットでも達成度を測ることが可能な問題プール(アイテム・バンク)の構築

⑥試行テストを用いての実地研究

2）高大接続テストの構築・導入のための組織的検討

①高大関係諸団体や関係者による「検討組織」の確立

②「検討組織」の課題

A．テストの設計・構築組織の設置とそれによる上記「適切なテストの設計」の実現

B．テストの利用方法の検討

C．実施主体の選択

3）国・文部科学省による支援の具体化

4）高大接続テストを契機とする教育・入試制度改革の推進

第II部　日本型の大学入学者選抜をめぐって

第1章　大学入試批判と入学者選抜制度改革

第Ⅰ部で、日本型高大接続の基本的な構造が、人口動態、教育政策の変化、大学の入学者選抜制度の変容などの結果から機能不全に陥っていること、そこで日本型高大接続を高大接続テストの構築・導入に始まる教育・入試改革によって転換するべきことを述べました。

日本型高大接続の批判は、もちろん、これまでもなされてこなかったわけではありません。ただ、そうした批判は、高大接続を構成する「教育上の接続」と「選抜による進学」という二つの側面のうち、「選抜による進学」つまり大学入試に対する批判という形でもっぱら行われてきたと言えるでしょう。第Ⅰ部の第5章で見たように、「高大接続」という視点が打ち出されたのは一九九九(平成一一)年の中教審答申『初等中等教育と高等教育との接続の改善について』からでしたが、そこでも教育上の接続は十分に取り上げられず、「高大連携」と「入試改革」が提起されたほどでした。

こうしたことを考えると、日本型高大接続の転換を掘り下げて理解するには、これまでの大学入試批判を検証することが必要になります。そこで、第II部では、これまでの大学入試批判がどのようになされ、そこにどのような問題があったのかを明らかにし、さらに、そこから日本型高大接続の構造的基盤の検討を行って、従来の大学入試批判の限界を示すとともに、高大接続テストの構築・導入に始まる改革の行方に存在する構造的問題を見つめることにしましょう。

これまでの高大接続問題は、大学入試に対する批判から出発し、数次にわたる大学入学者選抜制度の改革をもたらしてきました。今日に通じる改革が臨教審第一次答申から始まる入試改革であること、それが戦後の入試のあり方を大きく変え、今日の大学入学者選抜制度を作り上げ、同時に高大接続の機能不全を準備したことはすでに第I部で述べましたが、ここでは臨教審第一次答申に至る道を振り返る中から、日本型高大接続の転換の必要性に関わる認識を深めることにしましょう。

一　日本型高大接続と大学の学力入試

はじめに、日本型高大接続の特質について、日本型の高大接続を教育上の接続と選抜による進学の二つの側面から見て、第I部で見たことを再度確認しておきましょう。

第一に、教育上の接続は、ヨーロッパの諸国と同様に、ナショナル・カリキュラムを基盤に成立した高校から大学への教育課程面での接続を基本としています(1)。学校教育法によって高校卒業をもって大学入学資格が与えられ、高校の教育内容は、高校学習指導要領に体現されるナショナル・カリキュラムによって明確にその範囲が示されています。ただし、教育の結果である学力の達成度を把握する共通の試験・テストはありません。接続の第二の側面、選抜による進学では、基本的に各大学がそれぞれの募集単位ごとに学力試験を行い、募集人員(定員)に見合う入学者を学力試験の成績によって選抜しています。

このような高大接続の二つの側面の関係という視点から見ると、教育上の接続に必要な学力達成度の把握が、個々の大学がそれぞれの募集単位ごとに実施する選抜のための競争的学力入試によって――センター試験を利用しようと、個別の大学での試験を実施しようと――担われてきたことを意味します。言い換えれば、教育上の接続に必要な学力把握は、大学の学力選抜試験に依存してきました。もちろん、センター試験であろうが個別学力試験であろうが、それらを通じて学力把握それ自体がなされてきたことは疑いありません。それらの試験は、いろいろな違いはありますが、いずれもナショナル・カリキュラムに照らした試験であり、高校学習指導要領に準拠して学力を測る機能をもっていたからです。だが、そうした学力把握のあり方は、日本特有の問題を生んできました。

「落第試験」と「偏差値信仰」

何よりも指摘するべきは、大学入試に依存した学力把握が、成績順に選抜する試験に担われてきたことです。入試は、前に言及したように「落第試験」にほかなりませんでした。定員に対応した選抜試験は、「一定の資質・能力をもつ学生を合格させる」ための試験ではなく、「定員を超過する応募者を落とす」ための試験なのです。だから、日本型高大接続のうち教育上の接続は、「大学入試の選抜機能に依存してきた」と言って差し支えないでしょうし、同時に「選抜」が背負い込む種々のバイアスを伴ってきたとも言えます。

その端的な表れが、「偏差値重視」あるいは「偏差値信仰」でした。偏差値自体は、テストを科学するところから生まれたものですし、それが明らかになること自体に問題はありません。むしろ、偏差値を直視することが必要だとも言えます。しかし、もっぱら偏差値によって高校での学習や進学先の選択が左右されること、偏差値をあげることを目標とする競争には大きな問題があります。大学進学を志す者は、自分の偏差値を考えて、「受けられる」あるいは「合格できそうな」大学群を対象に、今度は自分の「行きたい専門」や「それぞれの大学がもつ特色」を考え、どこを受験するのかを決めるという行動をとります。日本の大学入学試験の受験者は、どの程度の学力に到達するのかよりも、受験者集団に準拠して、成績分布のどの位置にいるのか、他者に比してどの程度の優位・劣位にあるのかを優先的に意識した行動を余儀なくされてきたのです。

このように、選抜が試験に影響を及ぼすのは、何らかの形で定員制限(numerus clausus)がある場合には一定程度不可避とも言えます。ドイツでもアビトゥアの成績は大きな影響をもちますし、またアメリカでもSATやACTで一定以上の成績をおさめないと選抜性の高い「アイビー・リーグ」の大学や一線級と言われる大学には進めません。目標準拠の達成度試験でも選抜に関わる限りは、高い評価なりスコアを取得するための競争が存在するのです。

しかし、欧米も日本も競争的試験がある点では同じだとは言うことはできません。何よりも、アビトゥアにしてもアメリカのテストにしても「落第試験」としての機能が付随しているとしても主な機能は達成度を測るところにあるからです。いくら好成績をおさめても定員次第で不合格となる学力入試とは異なります。それに、第Ⅰ部の最後に指摘しましたが、日本の大学では、ヨーロッパやアメリカの大学に比して定員と教育予算の配分の強い関係から、定員が大きな拘束力をもっています。一点刻みどころか〇・一点でも定員次第で合否が分かれるのが日本の入試の特徴をなします。しかも日本では大学間の学生の流動性を欠いています。それだけに、日本では、「落第試験」としての大学の入学者選抜が高校までの教育を直接的に規定する傾向が存在すると言えるでしょう。

さらに、日本の入試は、第Ⅰ部第2章で指摘したように、学力試験の成績だけで合否を決定しますから、なおさらに学力試験での偏差値が問題とされてしまいます。この点は、高校での成績、各種の活動記録、推薦書、面接など様々な資料を学力試験の成績と合わせて選抜する欧米の大学とは異なることを理解しておくことが大切です。

ただ一回の学力試験の成績のみによる合否決定の限界

入試に依存した学力把握で次に問題となるのは、すぐ前に指摘したことと関連して、入試の合否がもっぱら学力試験の成績によっていることでしょう。長年にわたって文科省は「総合判定主義」を提唱し、学力試験以外の要素を選抜基準に入れる努力をしてきました。しかしながら、もっぱら学力試験の結果に基づく選抜が、しかもたった一回の試験成績による選抜が支配的となってきました。

試験の成績がそのまま合否を決定するということにあまり合理性を認めることができないことは、多くの人々によって理解されてきています。早くから問題視されたことに、前にも述べたのですが、清水義弘が学科試験の「中位の者についてはなかなか優劣をつけがたい」(清水 一九五七、一三六頁)と言った点があります。一九九一(平成三)年の中教審答申『新しい時代に対応する教育の諸制度の改革について』もそのことに特に言及しています。答申は述べます。「入学定員一〇〇〇人の大学で、得点順位三〇〇〇番を採れ、とは言わない。しかし、一〇〇〇番までと一五〇〇番までとの間に、通例決定的差はない。仮の言い方だが、五〇一番から一五〇〇番までの間から五〇〇名を選抜するのに、点数とはまったく別の基準をたててもよいのではないか」。そこで、答申は「何らかの方法で各県から幅広く選抜するのも、特定の高等学校に集中するのを避け、できるだけ数多くの高等学校から選ぶようにするのも、ボランティア活動や部活動を考慮するのも、職業高校卒業生を特別配慮するのも、みな公正の観念に入り得る」とまで述べたのでした。

前に指摘したように、試験成績が正規分布をとる場合に、中位の成績のところでのわずかな得点差には意味があまり見いだせないからです。他にも第I部第2章などで見たように学力試験には種々の問題があります。繰り返しになるので、ここで再論することは避けますが、従来からなされてきた「公平・公正」な学力試験には種々の制約があることは確かで、その結果を絶対視することには大きな問題があると言わざるをえません。

今述べたことに直接関係してどうしても取り上げる必要があるのは、試験で測ることのできる学力(academic achievement)の限界です。試験で測ることができる学力が相当程度正確であるとしても、それが大学で必要とされる能力と同義であるとは言えません。知的能力についてはいろいろな考え方がありますが、たとえば文科省の学習指導要領にしたがえば、①「知識・技能」に加えて、②知識・技能を活用して問題解決するのに必要な「思考力・判断力・表現力」、③「主体的に学習に取り組む態度」があげられています。入試・テストで測ることが可能な学力は、これらのうちの一部でしかありません。また、知識が非常に豊かであっても意欲・推論・決断に大きな欠陥がありうることは、脳科学、神経科学などからも明らかになってきています。全人的な基盤をもつ知的能力が大学では必要となります。マニュアルを理解して、それだけにしたがう「専門家」を育てるのは大学とは言えません。

また、学力を知識・技能に狭く限定したとしても、大学入試の行われるある時期に集中して測ること、一回限りの試験の妥当性も問題となります。知的な能力に優れて、知的好奇心が強くても、学校での勉強には拒否感をもつような人間がその後大きな成果をあげたという例はいくらでも存在します。だから序列化された上の大学から順番に良い人材が生まれるとは限りません。

このことは、一九七二(昭和四七)年のＯＥＣＤの教育調査団報告ですでに指摘されていました。調査団報告書は、たった一回の試験で学生を評価できるという考えが、①学業成績に関する特定のテストが知的一般能力を測る最善の方法であり、②そうした一般能力はそれ以外の特定された能力に比してはるかに重要であり、③能力はたった一回のテストで十分測定でき、④その能力は生涯を通じて変わることがない、というような仮定に立っていると述べます。そして、そのうちの③については、「学習能力の発達には個人差がある」こと、また④については、「人間とは潜在的能力を蔵した貯水池のようなもので、適切な刺激を与えられれば、その貯水量は拡大していく」と述べて、一回限りの学力試験に基づく選抜に疑問を呈したのでした。(2)

さらに、第Ⅰ部第3章ですでに指摘した素点積み上げ式の従来のテストについての問題点を考えますと、学力把握を大学入試に依存していた従来の日本型高大接続がいかに大きな欠陥を擁するかが明らかでしょう。従来の選抜方法は、試験による得点の序列化が唯一公平・公正であるとして選択されていたのですが、本当は大きな欠陥をもっているのです。

入試が規定する高校教育

教育上の高大接続のための学力把握を入試に依存することがもたらした最も大きな問題は、入試が高校教育を規定したことでしょう。高校は、入試に対応する教科・科目の履修を意識して科目の学年配当を行い、時間割を設定し、「実力試験」や「模擬試験」の機会を設け、「進路指導」を行ってきました。その結果、入試に出題されない教科・科目の履修は一部では切り捨てられさえして、担当教員がいなくなるという事態も生まれてきました。

入試が高校教育を規定することから生じる否定的側面は種々あげることができますが、その一つに、高校教育が大学の入試出題教科・科目に規定されることがあります。大学の入学者選抜のための試験は、個々の大学・学部あるいは学科まで細かく分かれた募集単位ごとに行われ、それぞれの募集単位が独自の傾向をもつ試験を課しています。個々の大学の入試がある程度同じような範囲の教科・科目を入試で課している場合はよいのですが、そうでない場合が通例になっています。また、同じような教科・科目を課している場合でも、出題傾向が大学によって相当に異なる場合が多いと言えます。そこで、大学ごとの「試験の出題傾向と対策」を取り上げた受験指導書や参考書が出版されることになります。そして、進学を希望する高校生・受験生は、希望する大学での合格をめざす勉強を中心にします。高校側も進路指導の上で、こうした高校生の希望を無視していくわけにはいきません。大学入試が高校での教育を直接規定する傾向をもつことはすでに指摘したことですが、そのような入試が高校での学習に対してもつ効果は具体的な進路先と関係してさらに強化される傾向をもつようになります。教育上の高大接続に必要な学力把握が大学入試の選抜機能に依存する場合、こうした問題が生じるのです。

このような問題が臨教審答申以後の入試科目の減少の中で一層強化されたことは、すでに触れました。どの教科・科目が出題されているかではなく、出題教科・科目の数のみを取り上げたときに、二〇〇九(平成二一)年度の私立大学入試に一五九のパターンがあったことを思い出してください。一般的に基礎的教科・科目をセンター試験と個別試験で課している選抜性の高い大学を別にすれば、高校生が普通に基礎的教科・科目を勉強して、一定の達成度に到達するという教育目標とはまるで逆の環境が、高校生の学習に影響を与えているのです。自分の好きな科目選択にしたがって大学を選び、その結果本当にやりたい専門とは別の専門に進むことも生まれます。たとえば、高校二年生のときにこれまでは「物理」

と「生物」を選択させるのですが、そこでたまたま「生物」を選択した場合には「物理」を入試に出す大学を受験することが難しくなります。

また、いろんな受験パターンがあることから基礎的教科・科目をきちんと履修しないで、好きな少数科目だけ勉強していれば何とかなるという学習態度も生まれます。選抜性の高くない大学では経済学部や社会学・心理学系の学部で数学を課すところが少ないのですが、経済学を勉強しようと思うと、微分・積分と線形代数、それに統計学は必ず使いますし、社会学や心理学では統計学の修得が不可欠とも言えます。そのような教育は、しかしながら、高校で数学をきちんと学習してこなかった学生にはかなり困難になっています。(3)

以上から、日本型の高大接続が大学入試での学力把握に依存していたこと、それが多くの欠陥をもっていたことが明らかとなりました。これまで高大接続が問題として取り上げられる際に、入学者選抜制度や入試のあり方に議論が集中してきたのは当然のことでした。そこで、戦後、実に何度も入試改革が試みられます。以下では、戦後に展開された大学入試批判と改革の試みを概観してみましょう。

二　一九六三(昭和三八)年中教審答申と能研テスト

ナショナル・カリキュラムを基盤に高校から大学への進学に必要な教育上の達成度の把握を大学入試

に依存する日本型の高大接続、それは問題なく機能してきたわけではありませんでした。戦後の高大接続で何よりも問題になったのは、高等教育機会が不足して「浪人」が出ることでしたし、また「よい大学を出て社会的・職業的に成功しよう」という志向から生まれる「学歴社会」意識であり、それがもたらす教育上の歪みでした。しかし、それらのことは日本型高大接続の構造それ自体の背景をなす別個の問題——高等教育機会の不足や大学の序列化など——から生まれているので、ここで踏み込むことは避け、高大接続の構造自体に関係する問題を取り上げることにします。

総合判定主義実現の困難

大学入試の選抜機能に依存する日本型の高大接続は、「エリート段階」にあった頃から、大学入試批判という形で問題とされていました。進学率の上昇に対して収容力が不足し、厳しい受験競争を志願者は強いられたこと、ならびにただ一回の学力試験によって選抜がなされたからです。一九六三（昭和三八）年の第一九回中教審答申『大学教育の改善について』（会長・天野貞祐）がそのことをよく示しています。(4) 答申で特に問題とされたのは、「各大学が行う入学者選抜のための学力競争試験」がもつ「方法制度の欠陥」でした。

答申が指摘する「方法制度の欠陥」の一つは、「高等学校の調査書、進学適性検査あるいは面接を利用して選抜を行うことが困難または不可能である」ことから学力試験による選抜に傾斜するということにありました。言い換えれば、学力試験だけでなく調査書を用いた「総合判定」がなされていないということだったのです。

しかし、高校調査書で学力や資質を把握するには、調査書は「校内尺度」で作成されていて、合否判定の資料として利用できるものとはなりませんでした。前に述べたように、文部省は、一九四九(昭和二四)年に「進学適性検査・学力検査・身体検査および調査書の成績を総合して入学者を判定」するべきという「総合判定主義」に基づいて大学入学者選抜を行う立場をとっていましたが、[5]それを実現する上で決定的とも言える高校調査書が利用されることはありませんでした。高校調査書は学校教育法施行規則に基づいて作成される学籍や指導に関する記録である「指導要録」に基づいて作成されていますが、そこに記載される学習成果の評価は、各高校それぞれがもつ基準によってなされていて、合否を判定する際はもちろんのこと一般的な学力把握の資料としての信頼性を欠いていたからです。

では、「進学適性検査」はどうだったのでしょうか。[6]アメリカでは、当時、適性試験であるＳＡＴと高校での調査書、それに推薦書などを利用して選抜がなされていました。木村拓也・倉元直樹の研究によれば、アメリカの第一次教育使節団とも関係して、当時連合国軍最高司令官総司令部(ＧＨＱ)の下にあった民間情報教育局(ＣＩＥ)のエドミストン(V. Edmiston)博士が、日本でも、「知能検査」、「調査書」、「学力検査」を総合して大学が選抜を行う「通達」を出したと言われています。[7]その通達で、エドミストン博士の示した大学入学者選抜方法は、①受験生の将来の可能性を測る進学適性試験、②受験生の過去の達成度を見る最終三か年の成績、③受験生の現在の理解力を見る学力検査の成績を、「等価値」で扱うという「エドミストンの三原則」を示したものであったと言われます。

黒羽亮一にしたがうと、戦時下の一九四五(昭和二〇)年度入試は、中学生が勤労動員されていたなどの特殊な事情から、旧制中学の内申書を基礎に、文部省の「資質検査」――知能検査――に身体検査、口頭試問などによって選抜がなされました。そのような経験をもつ文部省から見れば、アメリカ第一次教育使節団の勧告は特に問題となるものではありませんでしたし、終戦直後には学校が通常の機能を果たしえない状況にもありました。そのため、従来の学力試験をもって選抜することは極めて困難と考えられていました。(8) そこで、一九四七(昭和二二)年に第一回の知能検査が、翌年からは「進学適性試験(検査)」が実施されることとなります。国立大学は、国が行うこの試験を必ず利用することとし、公立・私立大学は独自に試験を作成して実施してもよいというものでした。一部の大学はこれを学力試験前の「足切り」に用いましたが、多くの大学は試験の成績を点数化して合否評点に加えたりもしました。

しかし、開始から数年を経ずして私立大学独自の試験は実施困難となり、国の実施する試験も一九五四(昭和二九)年をもって終了します。試験を推進した心理学会などは進学適性試験を肯定していましたが、国大協や全高長など大学、高校の双方は批判的でした。直接の理由は、試験が、受験すればするほど評点が高くなるように学習効果があるように設計されていたことから、進学適性試験の準備に受験生が追われるようになり、予備校による模擬試験さえ生まれたことにありました。このため、各大学が学力試験を独自に行いえなかった段階では大学も利用する理由をもっていたのですが、独自の学力試験を行いうるようになってからは、進学適性試験と学力試験の二つの試験を受ける負担に対する批判が高校から生まれ、大学としても選抜資料としての利用に否定的となったのです。日本型高大接続が定着したことが進学適性試験を終了させたとも言えます。こうして、「ただ一回の学力筆答試験」によって、「主として集団的選考基準によって合否を決する結果となっている」という状態が自然に生まれたのでした。

なお、今日でも進学適性試験の有効性を主張する研究者などがいますが、知能検査、資質検査などの適性試験がどれほど有効かについては慎重な検討が必要でしょう。適性試験としての共通テストは、アメリカのＳＡＴが適性(aptitude)を測るテストであったことに基づいていたのですが、荒井克弘や先﨑卓歩が指摘するように[9]、大戦間期に生まれたＳＡＴ自体が一九九四年には能力測定テストとして名称のAをassessmentに代え、さらに二〇〇五年からSAT Reasoning Testとなり、学力測定に傾斜しています。その背景には、進学率が上昇し、ＳＡＴの平均スコアが低下したことや、そもそもごく一部の「エリート」が進学する段階での資質検査として開発された適性試験が「マス段階」、「ユニヴァーサル段階」には妥当性を失うということがあったと言われます。正規分布で言えば、大きな山の中から進学するような段階が生じたときに、上位の山の裾だけを弁別するようなテストが有効性を欠くのは明らかです。

学力試験による選抜がもつ問題

総合判定主義の実現は容易ではありませんでした。その結果として生じる「方法制度の欠陥」は、何よりも、「一回の学力筆答試験によって」、しかも「集団的選考基準によって合否を決する」選抜、つまり「落第試験」が支配的となっていることにありました。

何よりもはじめに、「一回だけ」の試験に問題があることがしばしば指摘されました。どんなに日常努力を積み重ねてきても、試験日に体調を崩すこともあれば、精神的な平衡を保てない場合があるからです。また、試験に出される問題は学習範囲をあまねく取り扱うものとはなりませんから、受験者が不得意な分野からの出題がなされる場合もあります。「三年間の勉強の成果を、ただ一回の試験で測ることはできない」という批判が生まれたのは当然でした。誤解ないように一言しておくと、「一回だけの試験」とは「I期校・II期校制度」のように受験機会が複数あるかないかとは別の問題です。国立大学や難関大学を受験する機会が複数あろうとなかろうと、一定の募集人員について一回の試験のみによって合否が決定されることが問われているのです。

「一回だけの」試験によって合否が決まる問題は、それだけでは終わりません。そこに、日本のキャリア構造が硬直的な単線型になっているという問題が加わります。労働需要側の企業などが求める資格と経験を示し、職を求める供給側が自己の資格と経験を見て職に応募するという欧米型の「完全情報労働市場」は、新規労働市場にはほとんどありません。企業が新規卒業者を採用して、種々の経験をさせる中で昇進させていくという日本型の労働市場や雇用制度の特性は、「どの大学で教育を受ける機会を得たか」を、人生を左右する要素としてきました。「指定校制度」など今よりも出身大学が重視された時代には、そのようなキャリア構造は一回限りの試験の圧力を極めて大きくしたと言えます。その人間の潜在的能力や学習能力の発達の経路を考えると、特定のある年齢での試験の成績が人生を決定するというのは誰が見てもおかしいでしょう。一八歳で到達できなかった学習能力が後に開花することもあれば、一八歳の後のキャリアの中で大きく才能を伸ばす者もいれば、そうでない者もいるからです。

学力試験自体にも多くの問題があります。その点についてはすでに述べたのでここで詳しく言うことはしませんが、第一に、従来のテスト・試験が学力それ自体を測る上でいくつも問題をもっていることはかなり以前から指摘されてきました。第二は、これも前に触れたことですが、学力試験の成績だけにしたがって合否を決定することです。中教審は、これに関わって、わずかな得点を獲得するための受験技術へのこだわりや「点取り虫」的勉学を問題視しました。第三は、試験が「落第試験」となっていることです。それがわずかな得点差に大きな意味をもたせる結果となるからです。

他に、大きく取り上げられてきたのは、果たして学力試験が、大学入学後の学生の成績を規定するのかどうかでした。これまで様々な調査がなされていますが、大学入試の成績が入学後の成績を大きく決定しているという結果は得られていません。むしろ高校での成績や進学適性試験の成績が学力試験よりも入学後の成績との相関が高いという調査結果が出されています[10]。

とはいっても、そうした調査結果が学力試験を否定する根拠となるかというと、そうも言えない側面があります。というのは、入試の成績と入学後の成績に相関がないとしても、それは単に「入試が成功して同質の学生を合格させることができている」ことを意味する場合が多いからです。学力試験の成績が入学後の成績に関係するのは、英語などでよく見られます。たとえば、入学後の一年生を対象に大学全体で英語の共通テストを実施すれば、偏差値の高い合格者のいる学部の学生の成績が一般的に高くなります。しかし、学年が進行するにつれて、そうした関係は希薄となっていくのが通例です。まして、研究者を志向する大学院などを見ますと、学力試験との関係が非常に低くなる例が多々見られるようになります。大学入学後の勉学のあり方が決定的に重要だという結論がここから導き出され、同時にまた学力試験は、「一定の同質の学生を選抜できればよい」という効果しかもたないのだとも結論できます。もちろん、そうであれば、わずかな得点差での選抜には疑問がなおもたれるということにもなります。

さらに言えば、高校での成績が大学入学後の成績と相関があると言っても、相関の数値自体が低くて意味をもたないとも言えます。したがって、さきほど言及した追跡調査などから得られる結論は、学力試験よりも知能検査や高校調査書がよいということを積極的に示しているというよりも、学力試験だけで学生の資質・能力を測定するのは難しいという抑制の効いた結論を導くものでしかありません。

「共通的、客観的テスト」――「能研テスト」の導入

では、一回限りの学力試験による選抜の問題を克服するために、中教審はどのような検討を行い、どのような方策を打ち出したのでしょうか。まず、中教審は、高等教育機関の拡大など教育政策上の問題や「浪人の問題」への対処とともに、「入学者選抜に関する技術的、制度的な問題」を取り上げ、統一的入学試験制度、入学資格試験制度、無試験入学のような方法等について欧米各国の制度、事情を合わせて審議した結果、「わが国の教育制度、社会事情から、ただちにそのような方法をとることは適当とは考えられない」と判断します。言い換えれば、日本型高大接続を肯定したのでした。学校教育法の大学入学資格規定を前提としたことにもよりますが、「高大接続」という問題意識が未だ形成されていな

表9　能研テスト受験者数　(単位：1,000人)

	昭和38年	昭和39年	昭和40年	昭和41年	昭和42年	昭和43年
学力テスト	322	227	254	223	159	100
進学適性テスト	281	323	258	258	188	127

黒羽(2001)，p. 132より。

かったからです。当然ですが、「教育上の接続」と「選抜による接続」の区別も明確ではなかった段階にあったのです。

それではどのような解決策がとられるべきでしょうか。総合判定主義が文部省の原則である限り、個別の学力試験に対抗しうる共通テストを構築・導入し、合わせて合否の決定を行うという方向が自然に生まれてきます。答申の帰着点は、「志望者の学習到達度および進学適性について、信頼度の高い結果をうる方法を検討、確立し、この方法により、共通的、客観的なテストを適切に実施することとする」というものでした。

教育委員会や全高長は、この答申を歓迎しました。そして、この答申に基づいて「能力開発研究所」が設立され、国の支援の下での開発研究の後に、一九六七(昭和四二)年度の入学者選抜から「能研テスト」――進学適性テストと学力テストから構成される――の実験的試用が開始されます。国は能研テストの利用を勧めたのですが、表9に見るように、進学適性テストは一九六四(昭和三九)年の三二万三〇〇〇人を、学力テストは翌六五(昭和四〇)年の二五万四〇〇〇人を頂点に減少していきました。一九六六(昭和四一)年の高校卒業者は一五六万人、大学・短大の定員はすでに四〇万人でしたから、国の支援で行われたテストにもかかわらず受験者自体が少なかったと言えます。利用大学も少なく、受験の要件としてテストを課した大学は、一九六五(昭和四〇)年に国立と私立が各一大学、一九六八(昭和四三)年になっても国立と公立が各一大学、私立は二大学でしかありませんでした[11]。能研テストによる大学入試改革は挫折に終わるしかありませんでした。

能研テスト挫折の原因

能研テストが挫折に終わった要因には、当時の政治状況もありました。第一に、「能力」という言葉は、「六〇年安保」後の池田勇人内閣の下で経済審議会が発表した「国民所得倍増計画」、さらに同じ経済審議会が一九六二(昭和三七)年に発表した「経済発展における人的能力開発の課題と対策」が謳う「人的能力(マンパワー)」に重なるものでした。そこで、日教組などから「独占資本主導の経済成長に資するもの」、「経済的な人材差別につながるもの」という批判が生まれ、大学入試改革という文脈で議論されることはあまりなかったとも言えます。第二は、一九六〇(昭和三五)年から一九六二(昭和三七)年にかけての「大学管理法案」をめぐる政治状況です。政府・文部省が狙う大学管理の新しいあり方は、行政からの大学自治への侵害とみなされ、学生自治会、労働組合、日本学術会議などが一斉に反対し、国大協もまた文部大臣の大学人事権への介入に反対していました。このような状況は、能研テストに不利に作用しました。ことに、大学自治の立場から入試を考える大学側は、こうした状況の中で能研テストの利用に積極的になることはありませんでした。

しかし、そうした政治状況があったとしても、もし能研テストに教育上の合理性が存在したならば、能研テストの利用はなされたに違いありません。最も問題であったのは、そうした合理性を欠いたことでした。能研テストの導入は、高等教育機会の慢性的不足を背景にした個別大学の学力選抜がなされるという日本型の高大接続を根本的に転換することを企図したものではありませんでした。能研テストは、学力テストと進学適性テストの双方が実施されることとなっていましたが、高校教育の達成度を測る明確な性格を与えられないままになされる学力テストは、学力試験が二度実施されることを意味していて、受験生にとって負担が増加すると思われましたし、選抜に必要な志願者を十分に得られる大学にとっても大きなメリットはまだありませんでした。進学適性テストについての位置づけも明確ではなく、すでに挫折した戦後の進学適性試験の再現とだけ受けとめられました。政治的な批判を超えてなお十分な教育上の合理性を示すことができなかったのです。

能研テストの導入が総合判定主義の実現を求めるところから生まれたのは確かでした。だが、そのためには、①「エドミストンの三原則」に見られるように、種々の試験・テストを教育上の意味にしたがって位置づけるか、もしくは、②欧米の教育上の接続のように共通の学力把握を通して受験者の達成度を測り、それを基礎として高校調査書などを利用しうるようにするとともに、個別大学の学力試験に基本的に依存しない選抜方法を導入するか、そのどちらかを選択する必要がありました。そして日本型高大接続の最も重要な軸をなした大学の個別学力試験による選抜をそのままにして総合判定主義が実現するには、「公平・公正な選抜資料」としての学力試験の成績に対抗しうるだけの枠組みがなければならなかったのですが、そのためには、共通の達成度試験・テストと高校調査書の信頼性の確保が必要でした。しかし、中教審はそうしたところには踏み込んでいませんでした。ただ、一回限りの学力試験による選抜に代えて選抜方法の多角化を実現するという線からのみ、能研テストの導入に向かったにすぎなかったのです。日本型高大接続を肯定した上での試みは、日本型高大接続が抱える問題の本質に迫るものとはなりえませんでした。

さらに重要なのは、大学の個別学力試験を軸とする日本型高大接続を支えた高等教育機会、わけても四年制大学の定員不足の解消が必要であったことです。中教審の大学入試批判は、それがもたらされる最も現実的な基盤を別にして、対症療法的に学力選抜の難点だけを除こうとする限界を有していたのでした。

三　「四六答申」と共通第一次学力試験

高校調査書利用のための共通テストの構想

能研テストの挫折とともに、一九六三（昭和三八）年の中教審答申が指摘した大学入試の抱える諸問題はそのまま残されることになります。さらに新たな問題が生まれます。大学入試に高校での学習の範囲を超える問題、いわゆる「難問・奇問」が見られるようになったことです。高校学習指導要領にしたがう学習では容易に解けない問題や、果たしてそうした知識がその教科・科目の本質的理解に関わるのか疑問とされる枝葉末節の問題が続出したのです。

志願倍率が極めて高い場合には問題の難易度を高くすれば弁別力が得られる場合もあると言われてきましたし、記憶力を測る問題は比較的出題と採点が容易であったことなどがそうした「難問・奇問」を生み出しました。こうした問題に取り組んだのが一九七一(昭和四六)年に出された「四六答申」、正式には中教審第二二回答申『今後における学校教育の総合的な拡充整備のための基本的施策について』(会長・森戸辰男)でした。

「四六答申」は、臨教審答申を狭んで現在にもつながる教育改革を提起したことから、高い評価を得ている答申ですが、それもまた、日本型高大接続の基礎の上に総合判定主義を実現しようと試みます。「改善の方向」としてあげられたのは、①高校の学習成果を公正に表示する調査書を選抜の基礎資料とすること、②広域的な共通テストを開発し、高校間の評価水準の格差を補正するための方法として利用すること、そして③大学が学力検査を必要とする場合には、進学しようとする専門分野において特に重視される特定の能力についてテストを行い、また論文テストや面接を行ってそれらの結果を総合的な判定の資料に加えることでした。

共通第一次学力試験への転換

「四六答申」に始まる改革については、国大協の『国立大学の入学者選抜【基礎資料集】』にある松井栄一「大学入学者選抜方法改善の歩み――共通第一次学力試験の理念を中心として」、ならびに熊谷信昭「入学者選抜制度の変遷について」[12]、それに前掲の先﨑卓歩[13]、黒羽亮一[14]が概観しています。結果は、共通テストを「高等学校における学習達成度の共通尺度による評価」として国立大学の入学者選抜試験の第一段階試験と位置づけ、国立大学が共通第一次学力試験を導入することでした。

では、なぜ共通第一次学力試験が高校調査書に基づく選抜を行う際に高校間の評価水準の格差を補正するためのテストとはならなかったのでしょうか。「四六答申」から始まる入学者選抜制度改革の中心になったのは国大協でしたが、国大協がすでに国立大学の学力試験の一環としての統一テストを構想していたことが直接的要因になり、さらに国立大学において「Ⅰ期校・Ⅱ期校制」の解消が課題とされていて共通テスト導入をその契機とする方向があったこと、また私立大学がこうした改革に消極的であったことなどをあげることができます(15)。

けれども、より根本的な制約がそこには存在したと言うべきでしょう。「四六答申」の考え方は、アメリカの高大接続に近い制度を部分的に導入しようというものでした。アメリカでは、SATやACTのスコア、日本の高校調査書の評定値とも言えるGPA、それに高校のランキング、その他の資料にそれぞれ異なる加重係数を乗じて志願者の評価を行っているからです。「広域的な共通テストを開発し、高校間の評価水準の格差を補正するための方法として利用」するならば、共通テストの成績、調査書の評定値、高校ランキングなどに基づく総合判定選抜が可能となるはずでした。

当時の調査書は相対評価に基づいて記載されていました。そこで、一見、「相対評価が行われているならば、評価の母集団となる高校のランキングさえわかれば、ある個人の評価を共通の尺度によって比較することができるのではないか」とも思われます。しかし、高校調査書にそれを求めるのは容易なことではありません。高校ごとに五段階評価に割り当てる比率が異なる場合があれば、その段階でもう評定値を信頼できる数値として利用できなくなります。より問題なのは、高校ごとに生徒の学力の分布が同一だとは限らないことです。平均は同じくらいでも学力にかなりのばらつきがある場合と比較的ばらつきが少ない場合をとってみればそのことがわかるでしょう。あるいは学力分布が単峰型でない場合もあるかもしれません。また、高校の評価ランクで低くても、絶対的達成度から見ればランクの高い高校のトップと変わりない生徒がいる可能性は排除できません。高校調査書は「校内尺度」にとどまり、高大接続の視点から有効に利用できるものでは到底なかったのです(16)。

調査書を、学力入試の弊害を抑制・緩和しようとする視点からのみ扱うとき、今見たような問題が生まれるのは当たり前でしょう。言い換えれば、共通テストが共通第一次学力試験ではなく答申が述べた「高校間の評価水準の格差を補正するための方法」として実現したとしても、高校調査書を基本的な選抜資料として利用するには大きな制約があるのです。後知恵でしかないのですが、「四六答申」が真に必要としたのは、「入試改革」という枠組みではなく教育上の高大接続をどうするのかという視点からの検討であったと言えるでしょう。

「四六答申」の趣旨が生きるためには、何よりも教育上の高大接続に必要な学力把握を大学入試の選抜機能に依存していた日本型の高大接続自体を問題とするべきでした。しかし、さきに見た一九六三(昭和三八)年の答申が日本型の高大接続を前提にしていたのと同じ道を「四六答申」も辿りました(17)。「四六答申」の真意がアメリカに近い接続を考えていたとしても、問題の所在自体理解されることはなく、「一回限りの試験での選抜」や「難問・奇問」への対応策として受けとめられ、共通第一次学力試験の構築・導入に向かったのです。その共通第一次学力試験は、日本型高大接続を支える大学ごとの入試と選抜を補完する構成要素ではあっても、それを否定するものではありませんでした。

四　一つの転換――「第三の教育改革」と高校教育・入学者選抜制度の変容

臨教審第一次答申と国立大学の入試改革

日本型の高大接続が、一九八五(昭和六〇)年の臨教審第一次答申に始まる「第三の教育改革」の中で、高校教育課程の弾力化と大学入試の多様化などによって大きく変容し、その結果、高大接続に必要な学力把握は一層大学入試の選抜機能に依存するようになり、今日の高大接続の機能不全を直接準備したことはすでに第Ⅰ部の第2章で触れましたので、ここでは繰り返すことを避けながら概観してみましょう。

臨教審第一次答申は、従来の教育が「記憶力中心で、自ら考え判断する能力や創造力の伸長が妨げられ個性のない同じような型の人間をつくりすぎている」こと、「いわゆる一流企業、一流校を目指す受験競争が過熱し……いや応なく偏差値偏重、知識偏重の教育に巻き込まれ、子供の多様な個性への配慮に乏しい教育になっている」こと等々を問題として、個性重視の原則など八つに及ぶ「改革の基本的考え方」に基づいて、「入学者選抜方法の改善を図るためには、人間を多面的に評価し、選抜方法や基準の多様化、多元化を図らなければならない」としたのでした。

そして、この答申に基づいて共通第一次学力試験は廃止されて、「各大学での多様で個性的な選抜の実現に資することを目的」とし、「一科目のみの利用も可能とする」大学入試センター試験が登場します。また、この改革に連動して国立大学は「分離分割方式」を導入しますが、これも臨教審第一次答申にそうものでした。各大学が前期日程と後期日程に定員を分けることによって、そのどちらかで従来型の一般学力検査をしたら他方では「選抜方法や基準の多様化」に基づく別の形態での入試——その代表が「小論文」試験ですが——を行うことが可能となるからです。国立大学入試については、さらに「画一性」の批判から、普通教育の完成度を見る従来の多数科目学力入試が後退することになります。共通第一次学力試験は「受験生に重い負担を課している」との批判がありましたし、同時に「Ⅰ期校・Ⅱ期校制」がなくなったこともあって私立大学への志願者が増加していたこともありますが、答申の圧力もあって国立大学の入試科目数にも変化が生まれます。共通第一次学力試験では、国立大学は当初五教科七科目(数学Ⅰ、国語、英語、社会二科目、理科二科目)を課していたのですが、一九八七(昭和六二)年度選抜からは五教科五科目となり、図8で見たように、二〇〇二(平成一四)年には前期日程試験のうちで七科目を課す募集人員は一三・五三%、後期日程では一四・五%となったのでした。

「第三の教育改革」の中での高大接続——総合判定主義の修正と入試の簡易化・容易化

臨教審が示した日本型高大接続を修正する方向は、一九九一(平成三)年の中教審答申『新しい時代に対応する教育の諸制度の改革について』で、より具体的に、またより鮮明となります。前にも指摘したように、高校の国民的教育機関化と個性重視などからそれは、第一に高校の多様化が提唱され、第二に教育課程の弾力化が提起され、高校教育は「高等普通教育」なり「普通教育の完成」を目的とするものから「高度な普通教育」を授けるものとなります。そして、第三が、「評価尺度の多元化・複数化」による大学入試の改革でした。

一九九一(平成三)年の答申は述べます。「成績優秀で、頭は良いが、協調性に乏しく、自己主張はするものの、責任感や忍耐心に欠け、既成の観念で物事を処理して自ら現実にぶつかって解決を図ろうとしないタイプの青年が、いわゆる高学歴者の中に多くなった、という実感をわれわれは抱いている」が、「幼児期から駆り立てられている記憶力競争は人間の創造性や自発性を奪い、成人したときには既に疲れた、精神の不活性状態を引き起こすことは、経験上知られている」。「集団的画一的思考に陥らない真に個性ある人物の活躍」を必要とするこれからの日本では、「入試という現在の選抜の仕組み及びその方法、内容が、果たして個性ある人物の選抜と育成に適しているか否かが、今緊急に問われている」。「高校教育の改革諸案も、何らかの形で『自由化』を目指すものだが、タテ並び一直線の受験競争の実体に根本的な改変がなされない限り」改革は実効あるものとはならない。そのためには、「大学が多選択型に耐える構造を示さなくてはならない」――これが答申の出発点でした。

そこで、前にも指摘したように、①「調査書、面接、小論文、実技検査などを加味し、学力検査にのみ偏しないように配慮する」、②「全教科の総合評価によるのではなく、秀でた特定教科や特定分野に重点を置く」、③「部活動・生徒会活動・取得資格・社会的活動その他を参考にする」等が提案されます。

この提案の後に、「第三の教育改革」の中での入試改革がさらに続きます。一九九七(平成九)年には中教審答申『二一世紀を展望した我が国教育の在り方について(第二次答申)』が、「同一大学の同一学部・学科における複数の選抜基準の導入」や「学力試験において課すべき教科・科目の選択の幅の拡大や多様化」、「日本型ＡＯの整備」を提起します。次いで、一九九九(平成一一)年の中教審答申『初等中等教育と高等教育との接続の改善について』では、ＡＯ入試の奨励が明記されます。

これらは、普通教育の達成の上で高大接続を構想し、入試にあって「全教科群にわたって出題することが望ましい」とし、またそうしたことを前提に総合判定主義を主張した従来の文部省の主張の大きな修正を意味します。一見すると、一九九一(平成三)年答申の「調査書、面接、小論文、実技検査などを加味し、学力検査のみに偏しないように配慮する」という記述は「四六答申」と同じ線上にあるように見えるのですが、「高校間の評価水準の格差を補正する」ために共通テストを構想した「四六答申」とは大きく軌道を異にしていると言わなければなりません。というのは、「四六答申」は、かつての文部省の総合判定主義を体現するもので、総合判定主義は、基礎的教科・科目に関する学力試験を一つの支柱とし、その上で多角的選抜資料の利用を求めていたからです。それに比べると、臨教審以来の改革の中に「総合判定主義的」な言い回しはあっても、それは学力試験に依存しない選抜を、さらに学力試験に課す教科・科目の縮減を進めることの正当化に用いられたにすぎません。言い換えれば、入試の簡易化・容易化を推進したのでした。

改革を振り返って

「第三の教育改革」が問うた問題自体が存在したことは誰も疑わないでしょう。しかし、「第三の教育改革」がもたらした日本型高大接続の修正は、それまでの日本型高大接続を支えた要素――ナショナル・カリキュラムによる教育上の接続と大学入試による進学・選抜面での接続――の土台を掘り崩すものであったとしか言いようがありません。その結果、前にも指摘したのですが、教育上の高大接続に必要な学力把握はそれまで以上に大学入試の選抜機能に依存することになり、外形基準をもたない「非学力選抜」がその後拡大する道を開いてしまったのです。

そうした「改革」の必要性は、一方では、戦後の日本の発展パターンを変えざるをえないいくつかの状況――戦後イノヴェーションやケインズ主義的経済政策の終焉、日本の「大国化」など――からもたらされ、他方では、大学収容力の低下の中での受験競争の激化・入試圧の上昇によってもたらされました。キャッチアップではなく先端を創造していくという課題と受験競争による教育の歪みを除くという課題、この二つの課題は、「個性重視」によって「集団的画一的思考に陥らない真に個性ある人物」の育成を行うという論理でつなげられました。しかし、今振り返ってみますと、そのつなげ方には相当の問題があったと言わざるをえません。

第一に、前にも指摘したのですが、そもそも個性重視の教育を行うとしたとき、「普通教育の完成」を否定してよかったのか、という教育上の疑問が生じます。個性的な思考や創造性は普通教育の否定の上に成り立つものではないからです。

個々の人間を取り上げれば皆得意・不得意があって、特殊な領域で異彩を放つ人間もいます。教科・科目のすべてに通じた人間の方が優れているとは言えません。しかし、基礎的教科・科目を普遍的に学習することと個性的思考や創造力をもつ人材の育成に矛盾はないはずです。それに加えて、これも前に述べたことですが、どんなに特定の専門的領域に異彩を放つ人材を育成してもその人物の視野が狭ければ知的に未成熟な専門家を生みますし、現代のように様々な科学が関係しあってはじめて課題に回答を与えることができる時代には特定の専門世界にのみ住む人々は「一級の専門家」にはなりえないのです。欧米の学校でも基礎的教科・科目の範囲に相違はあるものの「普通教育」で基礎的な教科・科目を教育するのはごく自然のことと言えます。個性的で創造的な人間を生み出す教育は、授ける教科・科目の範囲にではなく、むしろ教育方法や教育内容にあったと言うべきでないでしょうか。

第二に、「個性重視」を入試の簡易化・容易化によって求めてよかったのか、という選抜上の問題があります。もし、それでよいのであれば、欧米の共通テストは、個性を無視した画一的思考を育むものということにさえなります。個性重視は入試に出題する教科・科目を少なくすることによってではなく、個性や情熱を能力や資質と並んで把握するような選抜で可能となるべきであり、学力把握は可能な限り普通教育の成果を反映することが望ましいはずです。「第三の教育改革」が、「人間を多面的に評価する」ことを主張したのはまことに正しいのですが、そのために「選抜方法や基準の多様化、多元化を図らなければならない」という視点から入試の簡易化・容易化を進めてしまったことにはかなりの問題があったと言うべきでしょう。

第三に、そのような一種の短絡的な思考が生まれた背景に、日本型の高大接続の特殊性を直視しなかったことがあると言えます。なぜなら、創造性や自発性を奪い、記憶力競争を育んできた最も根底にあったのは、教育上の高大接続に必要な学力把握を「落第試験」に依存していた日本型高大接続の構造であったからです。ここを看過して進められた教育改革・入試改革は、日本型接続がもつ問題やその構造的基盤に手を触れることなしに、入試方法の改革だけに傾斜した改革に結果するしかありませんでした。

このように見ると、「第三の教育改革」の枠組みの中での入試改革は、それまでの一九六三(昭和三八)年答申や「四六答申」と同じように、日本型高大接続の構造的な特質を看過した結果の上に展開し、それらの先行する大学入試批判が求めてやまなかった学力把握を踏まえた上での総合判定という基本線から大きく逸脱したと言えるのではないでしょうか。

五　大学入試批判をかえりみて

ナショナル・カリキュラムはあっても客観的な学力把握を欠いて、教育上の高大接続機能の半ばを大学入試の選抜機能に依存した日本型高大接続は、臨教審以来、ナショナル・カリキュラムという支えも失い、ただ、大学入試の選抜機能に依存するだけとなりました。こうなった理由の多くは、これまで述べたことから明らかですが、第一に、日本型高大接続の基本構造と特性を十分認識しえなかったことに求められます。このため、大学入試改革のいずれも不徹底なものとなったばかりか、日本型高大接続機能のうち教育的側面を掘り崩す方向に進んでしまったのではないでしょうか。もちろん、こうした評価は現在の地点に立って明らかになったことであり、戦後の入試改革に取り組んだ努力を外在的に批判するつもりはありません。日本型高大接続を空気のように自然と考えていた時代に、「落第試験」に依存する高大接続を変革しようと懸命の努力が払われたことは確かだからです。ただ、かえりみて、高大接続の二側面や日本型高大接続の特質を認識した上での改革が求められていたことを冷静に受けとめる必要があるのではないでしょうか。

第二は、大学入試批判が高まった理由に、学力試験にまつわる諸問題があったことは確かですが、より大きな背景として、日本型の「学歴社会」や「大学の収容力の絶対的貧困」が存在したことは疑いえません。しかし、日本型高大接続あるいは大学入試改革は、そうした根本問題の解決に踏み込んで包括的高等教育政策を打ち出すよりも、別個に問題を取り上げてきました。さきに言及した一九七〇(昭和四五)年のＯＥＣＤ教育調査団は、日本における「高等教育に対する需要は、他にくらべて高い選好性(preference)をもっているように思われる」と指摘し、「需要はすでに一〇〇%にほど遠くはなく、これとおよそ五〇%という供給率との間には、きわめて大きな、充足されないギャップが残されている」としし、「この需給バランスを考えると、学生を選抜することは恐ろしいほど困難な問題である」としていました。(18) また、特定の大学と他の大学との格差への対応も問題としたのでした。(19) それらの課題は、大学入試改革とは別の問題とされ、最も解決が遅れたとも言えるでしょう。

今日でも高等教育への予算措置は貧しいままとなっていますが、そういう状態が続く中で、つまり政府が高等教育機会を直接に整備することの「困難」に直面する中で、「受験戦争」や「入試の圧力」をどうしたら緩和できるかという視点からのみ、入試改革が進行したと言えます。それは枝葉をいじって樹幹に手をつけないに等しいものでした。歴史を振り返れば、教育に重点を置いた予算編成を行ったのは、原敬内閣などごく例外的であり、それすらもかなりの額を天皇からの御内帑金に依存したのでした。日本は、教育ことに高等教育に対する財政支出のあり方の大きな改革という課題に直面し続け、しかも今日なお課題の解決はなされていないのです。

なお、新聞・放送などのメディアにしても、「一回限りの学力選抜」や「難問・奇問」、「知識偏重の入試」、「受験生の負担」などへの批判、さらにその背景となった「学歴社会」批判を常に繰り返しているにもかかわらず、日本型高大接続を維持させた最も現実的基盤である高等教育機会の慢性的不足をあまり問題とすることがありませんでした。さらに言えば、受験生の負担や試験の容易化などを言うにしても大学での教育の質の維持について問題とすることがありませんでした。これは、一九六〇年代末から七〇年代の大学紛争によって現実からの批判を受けるのですが、今日でもなお、大学入試を広い教育政策の視点から捉えることが十分なされているとは言えないと感じるのは筆者だけでしょうか。

第三に、日本型高大接続が「普通教育の完成から高等教育へ」というナショナル・カリキュラムによって支持されていたにもかかわらず、「高校の国民的教育機関化」段階で、この支持装置を解体したことに関係して触れておく点があります。それは、初等中等教育の学習指導要領改訂の作業が、もっぱら初等中等教育関係者によって進められた結果でした。学習指導要領の改訂は、学校教育法の趣旨に基づく教育上の連続の観点からどのようにして高大接続を保証するのかという観点を欠いていたことは明らかです。しかも、改訂は、高等教育を含めて日本の学校制度における教育課程をいかに導くのかについての教育界の合意が明確でないままに、ほぼ一〇年に一度なされてきました。その結果、大学入試の出題教科・科目の範囲は一〇年に一度大きく変えざるをえず、そのようなめまぐるしい学習指導要領の改訂は、ある意味で、安定的な共通テストの実現を妨げてきたとも言えます。

なぜ、これほどまでに学習指導要領の改訂が高校教育と大学教育の関係に立ち入ることなく行われてきたのでしょうか。そこには、個々の文科省職員の努力と知恵を超えた行政組織とその機能の問題がひそんでいると思われてなりません。文部科学行政に通じているわけではありませんが、文部省(文科省)が、初等中等教育局と高等教育局に分かれて、両者の連携・協力が恒常的になされないこと、そこから一方では初等中等教育課程を小学校からの「積み上げ」で考える志向が当然のように生まれ、「大学から」という学校体系のもう一つの系譜を看過しがちであること、さらに小学校・中学校が義務教育であるのに対して高校はその範囲外にあることから高校教育と高大接続が中心課題となりがたいこと、他方では高等教育関係者は初等中等教育と高等教育の関連を大学の入学者選抜を通じてのみ取り上げてきたこと……などがあると言えないでしょうか。高大接続テストは、文科省の初等中等教育局と高等教育局の双方にわたる課題、さらに中教審の各部会に関係するだけに、今述べた懸念が杞憂であることを祈らざるをえません。

（１）天野（二〇〇七ｂ）の整理に従う。
（２）ＯＥＣＤ教育調査団（一九七二）、九一―九三頁。
（３）学士課程における専門教育と入試科目の関係は、前にも述べたように、何よりも高校段階で基礎的教科・科目の履修が普遍的になされていた戦後から一九七〇年代はじめまでは大きな問題をもたらさなかった。ただ、本文で踏み込まなかったが、入試科目と専門教育の乖離については、進学率の上昇に伴い外国の大学でも生じている一般的な学力不足だけでなく、学士課程教育が専門教育を重点としてきた日本の大学のあり方にも関係していることを指摘しておきたい。日本の大学は旧制の大学をモデルにこれまで教育を行ってきたが、そのようなあり方自体が問われてもしかるべきではないであろうか。「一般教育」なり「教養教育」から離れた「設置基準大綱化」への反省を含んで検討するべきではないであろうか。
（４）中教審（一九六三）は、「Ⅴ」において、収容力不足の他に、①有名校と大都市への志願者の殺到、②大学の専門分野別構成と社会の需要の不一致をあげている。
（５）文部省の総合判定主義の起源とその後の経過については、文部省（一九七二）、七五三―七五四頁を参照されたい。それによれば、一九二七（昭和二）年に文部省は「学科試験にのみかたよることなく、出身学校での学業成績を重視すること、また人物考査を加えてもよいことといった新しい方針」を打ち出し、一九四〇（昭和一五）年にはそれが強化されてきたと述べている。ただし、旧制高校などの選抜でどれだけ、またどのようにして総合判定主義が実現したかについては触れていない。
（６）進学適性試験については、文部省（一九七二）、七五四―七五五頁、先﨑（二〇一〇）、七五―七六頁、黒羽（二〇〇二）、一二八―一三〇頁を参照されたい。
（７）アメリカの教育使節団が進学適性試験の導入を勧めたことや、これに対応する心理学者グループが存在したことは、黒羽（二〇〇二）、一二九頁にも述べてあるが、知能検査、調査書、学力検査に基づく総合判定は、木村、倉元（二〇〇六）によれば、一九四九（昭和二四）年二月七日に民間情報教育局（ＣＩＥ）のエドミストン博士が発表した「日本に於ける上級学校入学者の選抜方法」という通達に具体的な起源をもっている。なお、木村、倉元（二〇〇六）は、文部省と大学はこれに消極的であり、文部省の「総合判定主義」は、「エドミストンの三原則」からの乖離であったとしている（一八七―一八九頁）。文部省の総合判定主義の起源についてはなお研究が求められるのではないであろうか。文科省に蓄積されている文書の公開などが待たれる。

（８）　黒羽（二〇〇一）、一二八―一三〇頁。

（９）　荒井、橋本（二〇〇五）、二八―二九頁、先﨑（二〇一〇）、七六頁。

（10）　そうした調査は国立教育研究所などで実施された。黒羽（二〇〇一）、一三一頁やＯＥＣＤ教育調査団（一九七二）、九四頁などで紹介されている。

（11）　要件としないが利用した大学は一九六七（昭和四二）年で三七大学あった。詳しくは黒羽（二〇〇一）、一三二頁を見られたい。

（12）　国大協（二〇〇七ｃ）、四〇五―四一六頁。

（13）　先﨑（二〇一〇）、七八―八〇頁。

（14）　黒羽（一九七八）、一〇九―一二九頁、黒羽（二〇〇一）、一三四―一四七頁。

（15）　前掲の国大協（二〇〇七ｃ）、先﨑（二〇一〇）、さらにＩＤＥ大学協会（一九九三）、「戦後大学政策の展開」の座談会、一八―二五頁を参照されたい。

（16）　高校調査書が「校内尺度」にとどまるのは、指導要録における評価方法が「絶対評価」とされる今日でも変わることがない。むしろ「相対評価」によって統計的に導かれないだけに、高校での評価基準は学校ごとに異なり、調査書の評定値等を外部が利用するにはあまりに通用性を欠いている。近年の学習評価の改善の試みにあたって国大協入試委員会が中教審の初等中等教育分科会教育課程部会の「児童生徒の学習評価の在り方に関するワーキンググループ」あてに意見（http://www.janu.jp/examination/pdf/kankou/h210706.pdf）を出したのはこのためである。

(17)　前掲のIDE大学協会(一九九三)の座談会には、「教育上の接続」と「選抜による接続」の区分を意識した議論がまったく見られない。それほどまでに、日本型高大接続の制度的慣性は強かった。区分への言及には、接続を問題とした中教審答申(一九九九)を待たねばならなかった。

(18)　OECD教育調査団(一九七二)、九五―九六頁。

(19)　OECD教育調査団(一九七二)、九九―一〇一頁。

第2章　日本型高大接続の構造的基盤

日本型高大接続のもつ問題点を大学入試批判によって解決しようという試みがどういう経過と結果をもたらしたかについて前章で述べました。その中で、日本型高大接続が国際的に見ると非常に特殊であるにもかかわらず、大学入試改革で一貫して前提とされてきたことが明らかになり、同時に大学入試批判が高大接続を全体的に捉えるのではなく、入試の形態や方法のみを取り上げてなされたことが明らかになりました。それでは、なぜ特殊な日本型高大接続が維持されてきたのでしょうか。その時々の変化は別にして、一貫した構造的基盤がそこにはあったはずです。それを明らかにすることなしに、日本型高大接続の転換を訴えても、表層的なものになります。そこで、ここでは、日本型高大接続の構造的基盤の特質を明らかにし、これまでの理解を深めることにしましょう。

一　大学の収容力の慢性的不足

大学入試に学力把握を依存する日本型高大接続は、大学入試の選抜機能が高いことを何よりも前提としています。大学入試の選抜機能が低下すると、大学入試の学力把握に及ぼす影響は低下するからです。そこで、日本型高大接続が長く続いてきた構造的要因に、進学意欲の上昇にもかかわらず大学の収容力（進学希望者数に対する入学者数の比率）が低く、大学入試の選抜機能が強く働いたことを指摘しなければなりません。「受験浪人」が慢性的に生じるほどに進学機会が少なかったこと、大学から見れば「買い手市場」が続いたことが、日本型高大接続の深層に存在したのです。

端　緒――明治期の接続問題

進学機会の不足が日本型高大接続を規定するに至った事情は、明治学制の構築当初から生じていました。そのことを明確に指摘したのは、すでに第Ⅰ部の第2章で少し触れたのですが、天野郁夫の『試験の社会史』でした(1)。

天野は、入試を「宿命的ともいうべき問題」、「わが国独自の問題」と言います。なぜなら上級学校への進学に際して必要とされるのは、欧米諸国の場合には前段階の卒業資格試験の合格証明であって、欧米諸国は「卒業試験の国」であるのに対して、日本は「入学試験の国」だからです。なぜ「卒業試験の国」とならなかったのか？　第一の理由に、学校体系の構造をあげます。すべての段階の学校が一斉につくられた日本では、学校間接続が歴史的に徐々に形成されなかったため、上級の学校が独自に自分の学校の教育レベルに合わせて学力の水準を決めて、それを「制度の建設期に特有の過渡的な選抜の方法」である入試によって確かめて合格者を決定しました。そのような接続の仕方は「過渡的」なはずでしたが、初等中等教育の整備後も続きます。欧米諸国の大学にひけをとるわけにはいかない「帝国大学」の教育レベルから要請される学校間接続の系統が、小学校から始まって積み上がる学校制度の系統とは別個に、旧制中学、旧制高校の厳しい入試を構造的に定着させていったからです。この問題は、現代にも通じるところがあるのでまた言及しますが、天野はさらに第二の理由を示します。それが旧制中学、旧制高校の入学定員の不足です。「おしよせくる受験生をさばくためにも、入学試験はなくてはならないもの」となったのです。

かつて、森嶋通夫は『近代社会の経済理論』の中で、第二次世界大戦前の日本の国家は「ブルジョア支配の近代国家ではなく、官僚、軍人、学者等の知識人によって支配された近代国家であった」[2]と述べました。それが正しいかどうかについては議論のあるところでしょうが、明治以来の日本の歴史的経路が教育制度の確立・拡大に深く基づいていたことは確かでしょう。そして、このような経路は、日本的なメリトクラシー（実力・学歴社会 meritocracy）を生み出し、教育機会の拡張をもたらします。ことに大正期の原敬内閣の下で開始された教育機会の拡張は大がかりなものでした。旧制中学や高等女学校も大きく増えますが、それまでの「帝国大学令」の改変を行うとともに「大学令」が制定されて単科大学、公立大学、私立大学の設置が行われ、旧制高校も新たな「高等学校令」にしたがってそれまでの官立八校以外に新潟、松本、山口、松山などの官立高校、それに公立・私立の高校が設置され、旧制専門学校の定員も大幅に増加します。

このような中等・高等教育機会の増加にもかかわらず、戦前の日本は慢性的な教育機会の不足状態にありました。東京府公立中学校の受験倍率は一九二六（昭和元）年でも四・二倍に達するほどだったのです。一九二九（昭和四）年恐慌後に進学率の上昇はいったん抑制され、その後戦時体制へと移行しますが、戦前の日本は一般的に言って知識人の過小供給を特徴としていたと言えるでしょう。それだけに、入試はなくてはならないものであり続けました。[3]

戦後の高等教育機会の慢性的不足

戦前の知識人の過小供給を継承した戦後社会もまた低い進学率から出発せざるをえませんでした。前にも述べたように、一九四七（昭和二二）年三月に制定された学校教育法に基づいて翌一九四八（昭和二三）年度に新制高校に進学した六〇万人の生徒は同一年齢人口の三〇％を下回るほどであり、そこから四年制大学にさらに進んだのはわずか一一万人程度でした。

その後高校進学者と大学進学者は若干の曲折はあるものの増加してきました。しかし、その中で大学への進学希望者に対する入学者数――収容力――が低いという問題を日本の教育界は抱え続けてきました。清水義弘の『試験』は、戦後一〇年を経た一九五五（昭和三〇）年度を取り上げて、「大学の収容力の絶対的貧困ともいうべきもの」が浪人の累積に作用していると指摘しています[4]。清水によれば、一九五五(昭和三〇)年度の入学志願者が一九三五(昭和一〇)年度に比較して三・五倍に増加しているのに、入学者数は二・四倍にしか増加しなかったからです。人口の増加はそれよりはるかに低い一・三倍だったのですから進学率上昇に大学の増設・拡充が伴わなかったのです。

その後一九六〇年代に大学の入学者は増加します。図3を見ると、一九五五(昭和三五)年度の一六万人から一九六八(昭和四三)年度には三三万人へと倍増し、一九六六(昭和四一)年度をピークとする第一次ベビーブーム世代の到来にもかかわらず進学率は上昇しています。一見、高等教育機会の拡大が実現できたかに見えますが、その中で日本の高等教育の構造が大きく変化することになります。順調に見える大学入学者の増加の多くは私立大学の新設・拡充に負うものであったからです。

「日本の場合、高等教育に対する不満の大部分は、その投資不足に原因がある。……日本の高等教育への投資はきわ立って低い」。これは、最近の中教審答申――『我が国の高等教育の将来像』をはじめとする答申が再三このことを指摘しています――ではなく、前に紹介した一九七〇(昭和四五)年のOECD教育調査団の指摘です[5]。日本の財政状況は、高等教育機会の拡大を阻害してきました。それを端的に示すのが私立大学の増加による大学定員確保でした。国立大学は財政状況から設置が抑制される傾向にある中で、私立大学は自己資金の倍を借り入れることが可能であることから借り入れによる設置が進められました。清水義弘は、一九五五(昭和三〇)年度の四年制大学総入学者一三万六四六七人中、国立大学が約三五%の四万七八二五人、私立大学が約六〇%の八万二四一七人であったことを示していますが[6]、一九六〇年代に私立大学の急増が国立大学の拡充をはるかに上回り、ＯＥＣＤ教育調査団報告によれば、国立大学に在籍する学生の比率は一九六三(昭和三八)年には二七・一％、さらに一九六七(昭和四二)年には二三・七％へと低下し、私立大学の比率は一九六三年には六八・五％、一九六七年には七二・四％となります[7]。ちなみに、二〇〇八(平成二〇)年度の入学者総数五九万六三四八人中、国立大学が占めるのは一七％弱の一〇万一二一八人、私立大学への入学者は七八・五％の四六万八〇六七人となっています。欧米では国公立大学が多数を占めるのですが、日本では私立大学が多数を占めているのです。

私立大学の拡張に依存したとはいえ順調に推移した進学率の上昇は一九七〇年代後半に大きな変化を見せます。図3から大学・短大の現役志願率が一九七七年にピークに達し、大学・短大進学率が若干低下に向かうことがよくわかります。ベビーブームの終焉、石油危機後の社会変化などがあるでしょうが、このような大きな進学率の変化から「高等教育計画」が策定されます[8]。そして、高校進学率が九〇％を超えるようになった段階の「昭和五〇年代前期・後期計画」では、大学の入学者数は四一〜四二万人に抑制されます。この結果、大学の入学者数は一九七七(昭和五二)年度の四三万人から一九八五(昭和六〇)年度の四一万人まで減少します。

こうした大学進学の抑制は、長期的に見ると高等教育機会の不足を準備したと言えます。というのは、入学者数の抑制に合わせて大学・短大への進学率はわずかな傾斜で減少したのですが、高専や専門学校を含めた広義の進学率は「昭和五〇年代前期計画」での大学定員の抑制にもかかわらず横ばいに推移しました。大学・短大の収容力は一九七二(昭和四七)年度の七〇％台半ばから下がり続け、一九八〇年代に一八歳人口が再び上昇する中で一九九〇(平成二)年度には六五％を下回るに至ります。大学入学者が二一万人、短大入学者が六万人程度の一九六三(昭和三八)年度、あるいは大学入学者が三〇万人前後、短大入学者が一二万人前後であった一九六六(昭和四一)―六七(昭和四二)年度と同じ水準となったのです[9]。短大と専門学校への進学者が大学定員の抑制に基づいて増加したのはこの時期でした。

　こうして一九八〇年代後半から第二次ベビーブームの頂点近くまで、長期の高等教育機会の不足が生じます。このため、わが国の四年制大学進学率は、一九六八(昭和四三)年度までマーチン・トロウ[10]が言う「エリート段階」(一五％以下)にとどまり、その後「マス段階」(五〇％まで)に移行しますが、一九九三(平成五)年度まで三〇％を超えることがありませんでした。高校から大学への進学に必要な教育上の達成度の把握を大学入試に依存する日本型の高大接続は、上昇する進学率と関係する高い進学意欲と厳しい受験競争、つまり大学入試の選抜機能の高さによって維持されたのです。ナショナル・カリキュラムを反映する基礎的教科・科目を入試に出題するべきという文部省の方針も、こうした「買い手市場」を背景としてはじめて機能しえたとも言えるでしょう。臨教審答申や中教審答申『新しい時代に対応する教育の諸制度の改革について』が出されて、入試の多様化、評価尺度の多元化が提唱されたのは、こうした高等教育機会の不足を基盤とする受験競争の激化を反映したものでした。「おしよせくる受験生をさばくためにも、入学試験はなくてはならないもの」であり続けたのです。

二　ナショナル・カリキュラムと卒業資格制度導入の困難

日本の高大接続を支えてきた構造的基盤に、ヨーロッパ諸国と同じように、教育上の高大接続のために定められたナショナル・カリキュラムがあります。しかし、それらについては第Ⅰ部で述べたのでここでは詳しく立ち入る必要はないでしょう。そして、ナショナル・カリキュラムについては、高校の国民的教育機関化以後進められた「教育課程の弾力化」の結果、現在では構造的基盤として機能しえないことも第Ⅰ部と前章ですでに触れました。ただ、そのことに関連して、触れておかなければならないことがあります。

日本の教育上の高大接続は、ヨーロッパ諸国と同じように、国民的な学校制度の中でナショナル・カリキュラムがあることで支えられてきました。アメリカとは相当に異なります。しかし、そこから先はヨーロッパともまったく異なります。学校教育法は、各段階の学校への入学資格は定めているのですが、高校卒業に限らず所定の教育課程の修了あるいは学校卒業については定めを欠いています。修了あるいは卒業認定は、学校教育法施行規則にしたがい学校長が行うこととなっています。高校卒業に、したがって大学入学に必要な学習の達成度は、教育課程に照らしてそれぞれの高校長が判断し、大学の卒業は大学長が判断することになっているのです。

このような仕組みは、すべての高校卒業者が大学に進学するわけではなく、また大学が独自に入学者選抜で学力把握を行ってきたことを前提とすれば一定の合理性をもっています。しかし、その代償として、日本の教育上の高大接続は、ヨーロッパのような卒業資格試験による学力担保の仕組みを欠き、さらにアメリカのような共通の学力把握の仕組みを欠いてきました。そしてまた、おそらくは戦前の一時期――旧制中学の進級試験が廃止された後――から始まって「入学は難しいが卒業はやさしい」という日本の学校の特徴を形成する一助となってきたと言えるのではないでしょうか。

では、なぜ修了あるいは卒業が高大接続の大きな支柱とならなかったのでしょうか。すでに触れたように、天野郁夫『試験の社会史』は、明治学制の当初に「卒業試験」の国であろうとしたにもかかわらず、学校体系の構造から学校間接続が積み上がるように構築されていないため、過渡的に「入学試験」の国となったと指摘しています。天野が指摘する学校間接続の難しさは、今でも存在します。高大接続ばかりでなく、中高接続、小中接続も今は問題となり、二〇一一(平成二三)年度の第六期中教審では小中接続が課題となっています。しかし、進学率の上昇や学校制度の整備とともに入試による接続ではなく、「卒業資格試験」などによる接続に転換することは可能であったとも言えます。ことに、明治期から昭和初期までの旧制中学では相当の学費負担とともに厳しい進級試験などがあり、入学者のうちのかなりの部分が退学するほどでしたから、中学卒業者の学力をある水準に維持することはある程度可能でした。小学校の進級試験は一九〇〇(明治三三)年に廃止されますが、旧制中学では一九二七(昭和二)年になってようやく進級試験の廃止が実現したのです。

なぜ入試から卒業試験への転換はできなかったか――これは十分な研究を要する課題と言えますが

――、あえて一つの要因をあげるとすれば、日本がヨーロッパ的な「資格社会」ではなかったという点があるのではないでしょうか。そのことは、日本社会特有のダイナミズムとも関連しているでしょう。戦後の教育機会均等を軸とする教育政策と所得上昇や社会の変化・変容は、進学率を一時期の停滞はあったにしてもダイナミックに押し上げてきました。しかも、日本の場合、そうしたダイナミズムはドイツやフランスのような複線型の学校体系ではなく単線型の学校体系と結びつき、さらにいったんある学校に入ると生涯の経路が決まるという非生涯学習型の教育・雇用構造とも結びついていました。また、その中で、さきにも触れたように、企業に就職した者は企業内訓練を経て年功にしたがって高い賃金を得るようになり、中には高校卒業者が大学卒業者と同じような仕事を得る場合もまれに生じてきます。そのようなダイナミズムは「一億総中流」とも言われる社会を一九七〇年代にもたらします。これに対してヨーロッパ諸国では、複線型の学校体系が存在し、社会的流動性の制約や階級観の存在と関連して、「卒業資格」によって進学や職業選択を規定する制度が続いてきました。賃金は、得た資格によって決定され、生涯にわたる賃金の変動は日本のように年齢とともに上昇するカーブをとらず、どちらかと言うとフラットに推移してきました。「資格」のもつ意味が相当に異なっていたのです。ここで述べたことは、十分な歴史的・社会学的検証を経ていない仮説的なものですので、今後、社会史・教育史や社会学での検討が望まれますが、今後は、少なくともここで見たような広い視野から学校体系のあり方を検討することが大切でしょう。

もう一つの大きな要因は、明治期から継続した入試による選抜がもたらした制度的慣性(institutional inertia）でしょう。明治以来、個別の学校が行う入試は、大きな行事となり、それに関わる人々の利害を生み、人々の関心を集めてきました。制度的慣性が形成されるに十分でした。日本の社会は毎年行われる入試を空気のように当たり前のものとして感じて、学校教育は入試に焦点をあてて教育を行い、大学は志願者を集め、また時には入試から多くの収入を得、教育産業は入試を軸に事業を発展させてきました。そのような制度的慣性を抜け出すことはなかなか容易なものではありません。

ただ、それで今後はよいのかという問題は存在します。すでにナショナル・カリキュラムによって高大接続を支えることはできなくなっています。それに加えて、グローバルな知識基盤社会では、卒業資格や職業資格が国際的に相互に承認されるようになっています。しかし、高等教育に限らず日本に留学して得た種々の資格証明は、ヨーロッパでは通用しない状態になっています。そのような状態がヨーロッパから日本への留学志向を制約し、また日本での教育成果を国際的に生かすことができない状態も生み出していることは言うまでもありません。現在の国際社会では各段階の学校が「教育の質の保証」を求められています。もし高大接続テストが構築・導入されて大学の入学者選抜方法が根底から変わり、大学の「ユニヴァーサル段階」が定着して知識基盤社会が成熟し、従来の雇用構造なども変化していくならば、新たに卒業資格試験制度を導入することも視野に入れる必要があるかもしれません。

三　序列化と大学の単独選抜志向

これまで、日本型高大接続の客観的な基盤について見てきましたが、見逃せないのは、入試に相当のコストとエネルギーを割きながらそれぞれの大学がそれぞれに入試を行ってきたこと、言い換えれば高大接続の主要なアクターである大学が日本型高大接続を選択してきたことです。その理由を見ると、「入学試験」の国の根底にある諸問題が浮かび上がってきます。

明治「学制」と高大接続

日本型高大接続の構造が定着した基盤には、大学がそれを選択したことがあります。歴史的に言えば、高大接続(旧制の中高接続)にあたって、常に旧制高校側が個別の学力試験による選抜を行うことを望んだように、高等教育機関の側に単独選抜への強い志向がありました。このことは、戦後から現代まで続く大学入学者選抜の変遷にも関わるので、天野郁夫や先﨑卓歩の研究などに基づいて少し立ち入ってみましょう。(11)

一八七二(明治五)年の「学制」は、全国八大学区ごとに大学校を、二五六の中学区にそれぞれ中学校を、五万三七六〇の小学区に小学校を配置しようとします。しかし、中等教育と高等教育の接続のところで挫折を余儀なくなされます。「近代化」のために招いた外国人が外国語をもって授業を行う大学等の高等教育機関への進学は、通常の小学・中学の教育課程の延長では困難であったからです。そこで、大学をめざす「予備校」的な多数の私学が生まれ、工部大学校は六年の教育課程の最初の二年を「予備学」にあて、札幌農学校も四年制の本科の他に三年制の「予科」をもつようになります。高等教育への接続問題を先駆的に扱った天野郁夫『試験の社会史』は、次のように述べています。

明治期のわが国の教育制度は、二階建ての家にたとえることができる。一階の小・中学校と二階の大学とは、別の世界であり、大学は、その成立当初と同じように「日本のなかの西洋」であり続けていた。外国語主体の予備教育は、小・中学校という一階から二階の大学に昇っていく「階段」のようなものであった。(12)

長い歴史の中で各段階の学校がそれぞれに設立されたヨーロッパと少し事情は異なりますが、「大学を中心に発達してきた学校系統と、小学校から発達した学校系統の二つの部分」があり、「この二つの系統の接続、連絡がうまくいっていない」というヨーロッパにもあった問題が、日本にも存在したのです。(13)さきにも述べたように、入学試験が重視されたのは、こうした接続の困難を解決するためでした。近代学校制度の確立過程で、日本もヨーロッパと同じように、高大接続をいかに図るかという課題に直面したのです。

旧制中学と大学の距離を埋めることは容易ではありませんでした。一八八一(明治一四)年の「中学校教則大綱」は、「中学校ハ高等ノ普通学科ヲ授クル所ニシテ中人以上ノ業務ニ就クカ為メ又ハ高等ノ学校ニ入ルカ為メニ必須ノ学科ヲ授クルモノトス」としたのですが、中学卒業から直ちに大学に進むことは困難でした。そこで、一八八六(明治一九)年に「中学校令」が公布されて、尋常中学校とは別に高等教育に進学するための高等中学校の設置が企図され、さらに一八九四(明治二七)年に「高等学校令」が公布されます。第一高等中学校から第五高等中学校までの高等中学は、「帝国大学ニ入学スル者ノ為メ予科ヲ設クル」ことが可能な高等学校に名称が変更となります。[14] この後、一九一八(大正七)年の「高等学校令」において、「男子ノ高等普通教育ヲ完成スルヲ以テ目的」とする高等学校制度が導入され、教育上の接続を展望した学校制度の整備は進んでいきます。

高等学校令後の高大接続——共通試験と単独試験

高等学校令公布の直後から、今の高大接続にあたる旧制の中高接続は、新たな「進学」あるいは「入学者選抜」の問題を抱え込むようになります。急速に膨らむ進学欲求と限られた進学機会から「浪人」問題が生じたからです。高等学校令公布の翌年、一八九五(明治二八)年の旧制一高の入試倍率は一・九倍でしたが、二年後には三・二倍へと増加し、[15] 適切な選抜方法の模索が始まります。

一九〇二(明治三五)年、文部省は、各校共通の試験問題を出し、受験者は最寄りの受験会場で試験を受け、共通試験とあらかじめ登録した志望順位を組み合わせて合格者を各校に振り分ける「共通試験総合選抜」制度を導入します。この制度は表10に見るように六年間続きました。しかし、この制度の下では、「各校の入学最低点はほぼ揃っていたが、第一志望で入学する者の学校間の点数格差が著しいこと、第二志望以下の学校に回される者の多い学校では辞退者が多い」[16] という問題が発生します。旧制一高と

表10　日本の共通試験：戦前・戦後

年	事　項	内　容
1902－07年度	共通試験総合選抜制	旧制高校，大学予科に各校共通問題を導入，受験会場は近隣とし，あらかじめ登録した志望順位と成績で各校に振り分け
1908年度	単独選抜制	試験科目，試験期日にルールを設けて各校で問題作成
1909－16年度	共通試験単独選抜制	共通試験に基づいて各校が志願者から合格者を単独で選抜
1917－18年度	共通試験総合選抜制	
1919－25年度	共通試験単独選抜制	
1926－27年度	二班制による共通試験単独選抜制	旧制一高など13校を第1班，旧制三高など12校を第2班として2回の受験可能，ただし合格発表は1回
1928－40年度	単独選抜制	試験科目の縮小や調査書(内申)を導入するが実現困難
1941－44年度	共通試験単独選抜制	
1945－46年度	3期にわけての学力検査なしの選抜	1946年度に進学適性試験の前身である「知能検査」実施
1947－54年度	I期校・II期校の単独選抜と進学適性試験実施	
1955－62年度	進学適性試験なしのI期校・II期校制での単独選抜	
1963－68年度	能研テストの実施	
1969－78年度	従来のI期校・II期校の単独選抜	
1979年度－現在	共通試験と単独試験の組み合わせ	1979－89年度は共通第1次学力試験，1990年度以後は大学入試センター試験

旧制三高に第一志望が集中し、第一志望の学生を集めたい他の高校は自校が合否を決定する「単独選抜」制度を望み、「共通試験総合選抜」制度は一九〇七(明治四〇)年をもって終了します。その後、一九〇八(明治四一)年から試験科目や試験期日をそろえながら各校が単独で入試を行う「単独選抜」方式に移行し、さらに翌年から「共通試験単独選抜」が、次いで一九一七(大正六)～一八(大正七)年に再び「共通試験総合選抜」が登場しますが、その後は出身学校の学業成績や口頭試問を加える点で若干の変動はあったにせよ一九四〇(昭和一五)年まで「単独選抜」が実施されます。[17]

「単独選抜」に結果した戦前の選抜をめぐる経過は、学力上位の受験者が旧制一高と旧制三高への進学を希望する中で、それ以外の高校・予科が旧制一高・三高を頂点とする序列の中に位置づけされることを嫌い、第一志望の進学者を受け入れることを選択したことを示しています。天野郁夫は、最初の「共通試験総合選抜」の廃止に際して第六高等学校(岡山)の校友会誌に一生徒が寄稿した中で、第一志望校以外に入学せざるをえなかった生徒が「自ら卑下し、自己の学校に対する愛校心も薄く……知らざるの間に精神卑屈となり、矮松の如き人物となり終わりに至るべし」と述べ、制度の廃止に「喜びの情」を示したことを紹介しています。[18] 一高、三高以外の高校がこれに対応して第一志望の学生のみを受け入れることは、仮に合格者最低点なり平均点の低下があるとしても教育上好ましいことと受けとめられました。一高、三高を頂点とする序列構造を変えることは不可能であるにしても、それ以外の高校が厳密な序列構造に組み込まれることを避ける方途でもあったのです。

表11　1956(昭和31)年度入試：国立大学72大学の入学試験期日

第Ⅰ期	第Ⅱ期
北海道大学・岩手大学・東北大学・千葉大学・東京大学・東京教育大学・東京工業大学・お茶の水女子大学・東京芸術大学・一橋大学・新潟大学・名古屋大学・金沢大学・三重大学・京都大学・大阪大学・神戸大学・奈良女子大学・鳥取大学・広島大学・岡山大学・徳島大学・高知大学・九州大学・長崎大学・熊本大学・宮崎大学・東京水産大学(以上28大学)	北海道学芸大学・室蘭工業大学・小樽商科大学・帯広畜産大学・弘前大学・秋田大学・山形大学・福島大学・茨城大学・宇都宮大学・群馬大学・埼玉大学・東京外国語大学・東京学芸大学・東京農工大学・電気通信大学・横浜国立大学・東京医科歯科大学進学課程(千葉大学に設置)・富山大学・福井大学・山梨大学・信州大学・岐阜大学・静岡大学・愛知学芸大学・名古屋工業大学・京都学芸大学・滋賀大学・京都工芸繊維大学・大阪外国語大学・大阪学芸大学・奈良学芸大学・和歌山大学・島根大学・山口大学・香川大学・愛媛大学・福岡学芸大学・九州工業大学・佐賀大学・大分大学・鹿児島大学・商船大学・神戸商船大学(以上44大学)

『蛍雪時代』昭和31年1月号，旺文社，第2付録「全国大学受験年鑑」より。

戦後のⅠ期校・Ⅱ期校制入試と序列化問題

同じことは戦後にも何度も繰り返されてきました。戦後の新制大学発足以来、国立大学は「Ⅰ期校・Ⅱ期校制」と言われる入学者選抜制度を採用していました。一九四五(昭和二〇)年度の旧制官立専門学校の三期にわたる入試期日を二期に再編したもので、[19]国立大学を二つに分け、一方は三月三日から、他方は三月二三日から試験を行い、受験者は二つの大学を受験することが可能でした。それぞれの期への大学の振り分けは、制度発足当初は変更することになっていましたが、一部の変更を除いて事実上固定されます。一九五六(昭和三一)年を取り上げると表11のようになっていました。

この制度の下で、受験者はⅠ期校に合格してもⅡ期校の大学を第一志望とする場合に後者への進学が可能とされましたが、昭和三〇年代をとると、Ⅰ期校の合格発表は三月二二日までとⅡ期校の試験日よりも前に行われ、事実上I期校の合否がII期校受験者の行動を制約するようになっていました。ちなみにII期校の合格発表は四月一二日まででした。さらに問題なのは、I期とII期への各大学の配分が長く固定され、しかも旧帝国大学が皆I期校となっていて、加えてII期校に法学部がないなどの偏りがあったことでした。このため、II期校入学者には第二志望で入学する者が少なくなく、合格者の中からの入学辞退者が多く、II期校入学者に「II期校コンプレックス」が生まれるという問題に直面します。[20] そこで、II期校の諸大学は一様に「I期校・II期校制」の廃止を求めるに至ります。[21] そして、国大協は、一九七九(昭和五四)年の共通第一次学力試験の導入に合わせて国立大学の第二次試験日を一本化したのでした。いわば旧制の「共通試験単独選抜」制に似た制度に移行したのです。

共通一次後の序列化問題

国立大学の試験日の単一化は、ほどなく「共通第一次学力試験の結果で、ごくわずかの得点差で志望大学が決定される『輪切り』が生まれる」という批判と「受験機会の複数化を奪う」という批判に直面します。このうち、「輪切り」問題は、ほぼ同一の教科・科目について共通試験が行われる結果、試験成績の比較が容易となり、志願者の間で大学間の序列化が極端に意識されるようになったことから生じた問題です。第二次の個別学力試験があるにもかかわらず、共通試験でのごくわずかな成績の違いによって受験先が左右されるようになり、「入りたい大学より入れる大学を選んで受験する」傾向が生まれもしました。

「受験機会の複数化を奪う」という批判は「Ⅰ期校・Ⅱ期校制」の廃止に伴うものであることは言うまでもありません。そこで、国大協の「入試改善特別委員会」は、臨教審第一次答申への対応も考慮しながら、一九八五（昭和六〇）年三月の「中間報告」において、第二次試験に志願者が受験できる大学の数を二校までとしながら、第二次試験の実施期日を各大学の選択に委ねる改革案を提示し、翌一九八六（昭和六一）年四月に森亘会長名で、三月一日を開始日とする「A日程」グループに九州、大阪、京都、名古屋の四大学、三月五日を開始日とする「B日程」グループに東京、東北、北海道の三大学を固定して振り分けて「旧Ⅰ期校・Ⅱ期校制の弊害」を避けることとします。(22) 一九八七（昭和六二）年度入試から採用された「事後選択制」を伴う「連続方式」です。この結果、北海道大学をとると、この方式の実施期間に京都や大阪、名古屋、九州、神戸などの大学と併願した学生が入学することが多くなり、キャンパスで話される言葉が多様化します。

しかし、この制度の下で、たとえば東京大学と京都大学を併願して合格した学生が大半東京大学に入学することに象徴される問題が生じます。入試改善特別委員会委員長であった熊谷信昭・元大阪大学長は、「成績上位の受験生が二つの大学・学部に合格して、一方を辞退することから、大学側で入学者の定員を正確に確保することが極めて困難になる」、「一方の特定の大学の学部に集中的に入学手続きを行うという不合理な事態が生ずること」、「このため定員割れとなった大学・学部では、一たん不合格とした受験生にあらためて『追加合格』を通知するという、大学と受験生の双方に甚だ好ましくない事態が発生すること」、このため「大学側はあらかじめ辞退者の数を予測して合格者の数を増やしておく、いわゆる『割増し合格』を行わざるを得なくなる」といった「不都合」が生まれたと回顧しています。[23]

現行の「分離分割方式」とその後

「Ⅰ期校・Ⅱ期校制」の序列は解消されたとしても、大学を序列づけによって評価すること自体がなくなるわけではありません。戦前の総合選抜や受験機会複数化の場合にも、序列化が影響して、入学辞退者や第二志望校への「不本意」入学が生じました。そこで、「連続方式」で生じる問題をなるべく抑制して、「受験機会複数化」と「単独選抜」を両立させようとしたのが、一九八九(平成元)年度から「連続方式」に加えて併用となり一九九七(平成九)年度以後は全面的にそれに統合された「分離分割方式」でした。

分離分割方式は、大学が募集定員を「前期日程試験」と「後期日程試験」に分割し、二月二五日を開始日とする「前期日程試験」と三月一二日以後に行う「後期日程試験」での受験を認めるのですが、三月六日から一〇日までに前期日程試験の合格発表を行い、その入学手続き締切日を後期日程試験直後の三月一五日として、そこで合格手続きを行った者は後期日程試験の受験資格を失うという制度でした。もちろん、それでも後期日程試験合格者からの入学辞退や「不本意」入学者をまったく排除することは不可能です。[24]国大協が「後期定員が三〇%以上となることを目標」としているにもかかわらず、旧帝国大学を継承する七大学をはじめ競争力のある大学が総定員に対して前期日程試験に振り分ける募集人員の比率を可能な限り高め、あるいは京都大学(二〇〇七年度から)や大阪大学工学部(二〇一二年度から)

が後期日程試験を廃止する方向に動いているのは、このためです。

序列化は、入学者選抜制度に起因するものではないのですが、入学者選抜制度によって促進あるいは抑制されうる側面をもつとも言えます。このように見てくると、旧制一高・三高を頂点とする、あるいは戦後の東京大学を頂点とする「序列」に対して、大学側がその影響を最小化しようとしてきたことが、日本型高大接続を貫く単独選抜制を残す大きな要因となってきたと言えるでしょう。

しかし、ここで注意しておかなければならないことは、「序列」の体系への組み込みを「単独選抜」で否定できるのかということです。

共通テストと「序列化」

共通テストの導入には、常に「序列化」とそれに基づく過当な競争への懸念が指摘されます。戦前の旧制高校への共通テストが挫折した要因の一つはそこにありましたし、また共通第一次学力試験にもそうした批判が向けられました。高大接続テストにも同様の懸念に基づく異議が生じる可能性があるでしょう。しかし、そうした懸念に基づいて高大接続テストを批判するのには問題があると言わなければなりません。何よりも、高大接続テストは、その目的と機能からして、序列化や得点競争を促進する性格をもたないからです。基礎的教科・科目の達成度を測ること、それに基づいて、他の能力や資質を十分見るような方向での大学の入学者選抜改革を目的とするからです。

共通テストが一定の学力差を明らかにすること自体は避けることができません。しかし、それ自体が

「序列化」や「過当な競争」をもたらすと言うのは論理的な飛躍でしかありません。テストが学力把握の手段であり、教育上の手段であることまでも否定はできないでしょう。もちろん、テストにのみ依存して学習を強制することは避けるべきですが、それは教育方法の問題領域に属することです。

ただ、テストが「序列化」に関係した競争を加速化するようなことは避けなければなりません。共通第一次学力試験が細かい素点差に基づく「輪切り」をもたらしたという批判には、確かな側面があります。より正確に言うと平均点を六〇％とする集団準拠型の試験を実施したのですから、偏差値が非常にはっきりと出たのです。そうであればこそ、高大接続テストは、達成度テストである性格に加えて、達成度評価を素点主義ではないものとして構想されています。

なお、これに関連して、もう一つ、「共通第一次学力試験は五教科七科目の試験成績をすべての国立大学が利用する形態をとっていたから『輪切り』につながったのではないか」という意見に触れておきましょう。この見解の延長上には「センター試験のように大学が自らに必要な科目を適宜利用する形態をとるならば『輪切り』や『序列化』を緩和できるのではないか」という意見が生まれるからです。この考えは、一見合理的なように見えますが、大きな欠陥をもっています。第一に、もともと共通第一次学力試験でも利用の仕方は各大学で異なっていましたから、利用の仕方が「輪切り」、「序列化」の原因となったとは単純に言えないからです。ある大学は個別学力試験である第二次試験の受験者を決定するための「足切り」だけに利用しましたし、共通試験の得点と個別試験の得点を総合した大学でも、共通試験の得点の比重は様々でした。

第二に、各大学は共通第一次学力試験からセンター試験への移行を契機に利用の仕方を大きく変えたのですが、それが逆に高校での学習範囲を狭め、国大協は二〇〇四(平成一六)年度入試から再び「五(六)教科七科目」を原則として課すこととなりました。「輪切り」を嫌う措置が教育上の達成度を低下させるのであれば、そうした措置を容易に認めていいのかという疑問が生まれます。

このように見てみますと、テストそれ自体が「序列化」を生んだのではなく、「落第試験」である大学入試の中で共通テストが実施され、偏差値信仰が極端にまで高まったことが問題であったと言えます。そこで、テストのあり方だけで受験競争の弊害をなくそうとする努力が始まり、それが非学力選抜や少数科目入試をもたらし高大接続を機能不全とするに至ったことは、これまで見たとおりです。

「序列化」はテストが生んだものではない

「序列化」を考えるときに大切なことは、「序列化」がテストのあり方だけでは解決しないより広く深い問題であることに眼を向けることです。

というのは、大学や高校に種々の尺度での「序列」あるいは「機能分化」などが存在するからです。「序列」を批判するメディアも「難関大学への合格者数」や「大学ランキングづけ」を取り上げて「序列」意識形成に加わり、教育界も偏差値を重点にした指標によって進路指導を行っているのは誰もが知っているとおりです。したがって、高大接続テストが偏差値にのみ依拠してきた状況を変え、「落とすための入試」から「とるための入試」への接近をもたらしたとしても、一定の順位づけが教育機関についてなされている限り、また生徒の自由な進学志望を確保する限り、一定の「序列化」は避けられないと言えます。そして、「序列化」を嫌う大学が共通テストから抜け出したり、あるいはさきに見た京都大学や大阪大学工学部のように一回だけの試験で何とか「第一志望」の学生をとろうとしても、実は志願するまでに偏差値などに基づく進路志望の調整がなされていること、したがって「序列化」から抜け出したり、表面的ではない「第一志望」の受験者を集めることは相当困難なのです。

そこで、第一に留意しなければならないのは、「序列化」がテストそれ自体によって生じているのではなく、教育・研究の成果、財政的基盤、社会的な慣行など実に多くの要因を起源としていることです。東京大学が序列の頂点に位置するのは、研究や就職など様々な面で高い評価を得ているからですし、大学予算も群を抜いて大きいからです。といっても、それを肯定するわけではありません。前に触れたOECD教育調査団も「ごく少数だけが財政的基盤、社会的威信、その提供する教育水準などの点で、他からはっきりと区別されている」こと、「こうして形成される大学の構造は、頂点の鋭くとがったピラミッド状を呈し、ピラミッドを構成する各層の間で、学生や教師の移動は極めてとぼしい」と指摘したほどです。[25]「序列化」がもたらす否定的な影響は、このように見ると、テストの仕方で対抗することのできない要因から生まれていること、したがって「序列化」問題を解決しようとするならば、大学予算の配分などをはじめとする政策的努力が必要であることが明らかになります。

第二は、どのように解決策を求めても、どの大学も平等になることはないということを理解しなければなりません。かつての「序列化」批判の背景には、「大学である限りは皆同じような教育と研究の条件を整えるべきで、どの大学も同じ大学だという意識で高等教育を実現するべきだ」という考えがあったかと思います。しかし、それはまだ大学進学者の少なかった段階での考えであったと言えるでしょう。その裏面には大学の過小供給と進学率の低位という別の「格差」が存在していたのです。

しかし、現在大学が置かれている状況はまるで異なります。「教育の機会均等」からすべての大学を同一視できないのが「マス段階」や「ユニヴァーサル段階」の大学なのです。「大学の機能分化」はこの問題に関わります。いくら大学が「ユニヴァーサル段階」になったとしても、「エリート段階」や「マス段階」にある大学の機能は必要とされます。どの国でもすべての大学が同じような位置にあるわけではなく、日本ほど序列化されていないにしても「エリート段階」の少数の大学はアメリカにも存在しますし、マーチン・トロウ自身も、「エリート段階」の大学が行った教育が「ユニヴァーサル段階」の中でどこかの大学によって担われる必要を述べています(26)。

このように見ると、大学も入試の「序列化」だけを気にするのは間違いであることが明確になります。何よりもそれはある結果でしかありません。これから日本の大学が必要としているのは、第一に各大学がそれぞれに特徴をもって「機能分化」を進めること、第二に「ユニヴァーサル段階」、「マス段階」、「エリート段階」のそれぞれにある大学の教育と研究のレベルをあげること、第三に、「序列」の形状を「頂点の鋭くとがったピラミッド状」から変えることではないでしょうか。こうした努力なしに、テストに「序列化」意識からの脱却を求めるのは、本質から目を背けたものでしかないでしょう。

大学自治と単独選抜

なお、これまで述べてきたことに加えて、戦後については特に「大学自治」をめぐる大学側の意識の存在を指摘する必要があります。戦後改革の中で大学はあらためて「大学自治」を手に入れますが、大学は、教学事項としての入学者選抜を「自治」の枠内にあると考え、文部省など外部からの「干渉」に消極的であったし、学生運動も同じ方向にありました。

そのため、文部省が戦後通知してきた「大学入学者選抜実施要項」も、国大協などの決定を受けて策定され、さきに触れたようにそこに記載されている「調査書」の活用などは大学の自由に委ねられてきました。国立大学について言えば、国大協の入学者選抜についての諸決定、それを受けて実務的に毎年出される「実施要領」、「実施細目」、「各大学における入試業務上の留意点」等が、入学者選抜を規定してきたのです。

一九八五(昭和六〇)年の臨教審第一次答申が、「大学入学者選抜制度の改革は、我が国の社会にとって重要な公共的問題であるので、……政府を中心に関係者において、早急に具体的検討が進められ、その実現が図られることを期待する」と述べたのは[27]、国大協はじめ大学関係者の自主的な改革を促すとともに、「入学者選抜制度は大学自治の枠内の問題ではない」ことを示すものでもありました。大学の教学上の事項である大学入学者選抜に踏み込む制度改革が困難だったことを物語っています[28]。

ヨーロッパでも、フィンランドでは大学入学資格試験がありながら、個別大学の入試が設けられています。それはフィンランドの大学自治の伝統が強いためと受けとめられています。「大学自治」という観点から大学が入試改革を議論することは、今ではほとんどありません。しかし、入試は大学が自主的に決めるべきことだという考えは、今でも根強く存在します。それは各大学がそれぞれに入学させたい学生を決定するということから生じているのであって、入試制度が個別大学に委ねられればよいということを意味するものではないでしょう。なぜなら、大学がそれぞれに入学者選抜を自由に行うときには、第Ⅰ部で見たように志願者を求める個別大学の選択が大学入試のレベルの低下をもたらすような「合成の誤謬」が生じるからです。入試制度あるいは入学者選抜制度自体は、経済学で言う「公共財」だということを理解しなければなりません。

これまで日本型高大接続の構造的基盤を考えてきました。そこから浮かび上がることは、第一に、日本型高大接続を支えてきた客観的な基盤である高等教育機会の不足、それに基づく大学入試の選抜機能が今は相当失われてきていること、第二に、ナショナル・カリキュラムと大学入学資格の認定のあり方が教育上の高大接続を支えることができなくなっていること、そして、第三に、大学の単独選抜志向にも大きな限界が存在するようになっていることです。日本型の高大接続は、それを支えてきた構造的基盤自体の大きな変化にさらされてきたのです。

そしてまた、高大接続テストの構築・導入による日本型高大接続の転換が今求められていることがより明確になったのではないでしょうか。

（1）　天野（二〇〇七ａ）、三五三―三五六頁。

(2)　森嶋(一九七三)、二四頁。
(3)　森川(二〇〇二)、三二〇頁。
(4)　清水(一九五七)、一七—二三頁。
(5)　OECD教育調査団(一九七二)、六二頁。
(6)　清水(一九五七)、七頁。
(7)　OECD教育調査団(一九七二)、五一頁。
(8)　この間の高等教育計画については、IDE大学協会(一九九三)、「戦後大学政策の展開」の座談会、七一—一八頁、黒羽(二〇〇一)、一〇二—一二四頁を参照されたい。
(9)　一九六四(昭和三九)年度は一九四五(昭和二〇)年度生まれの人口が少なくなったために、一九六五(昭和四〇)年度は大学定員の急増のために一時的に収容力は高くなるが、それを除けば収容力は大きく変化しなかったと言える。
(10)　トロウ(一九七六)。本書は、マーチン・トロウの一九七一、七三、七五年の論文の全部または一部を編集し翻訳したものである。なお、トロウの段階区分は高等教育全体を指しており、四年制大学に限ったものではない。
(11)　戦前の旧制高校・大学予科等の入試制度については、先﨑(二〇一〇)、六五—七三頁が優れたまとめを行っている。より広い文脈から入学者選抜制度を扱っている天野(二〇〇七a、二〇〇九a、二〇〇九b)とともに参照されたい。
(12)　天野(二〇〇七a)、一五七—一五八頁。なお、明治期の高大接続と後に述べる日本型高大接続の特殊性については同書に多くを負っている。
(13)　二つの学校系統の接続については、天野が伊沢修二の説明を引いて述べている。天野(二〇〇七a)、三五四—三五五頁を参照されたい。
(14)　この他に、大学予科などが大学への準備教育を行う組織として旧制高校と同じ役割を果たすが、以下の叙述ではそれらを含めて旧制高校として扱う。

(15)　先﨑(二〇一〇)、六五頁、脚注(12)。

(16)　先﨑(二〇一〇)、六六頁。

(17)　一九四一(昭和一六)年に、「共通試験単独選抜」が導入され、敗戦直前の一九四五(昭和二〇)年には学力検査なしの選抜が行われた。だが、一九四〇(昭和一五)年の高等諸学校教科書認可制度や翌年の修業年限短縮などに見られる戦時下の特殊な条件があったことを看過してはならない。したがって、一九四一(昭和一六)年以後の制度を、それ以前と戦後の制度をつなぐものとして叙述する際には慎重さが必要である。

(18)　天野(二〇〇九b)、四三―四四頁。

(19)　一九四五(昭和二〇)年の官立専門学校の入試日については、黒羽(二〇〇一)、一二八―一二九頁。

(20)　国大協(二〇〇七c)の「資料8、国立大学入試期一本化に関する参考資料」、九七―一〇三頁。

(21)　「II期校コンプレックス」は過激派問題から政治化もした。これについては、黒羽(一九七八)、一二三―一二四頁、また黒羽(二〇〇一)、一三八―一三九頁。

(22)　後に触れるが、批判は共通第一次学力試験にも向けられ、「マーク・シート方式」で測る学力の限界、すべての大学が同一の試験を課すことから生じる「輪切り」と序列化、五教科七科目の試験がもたらす「負担過重」が問題となり、一九八二(昭和五七)年の学習指導要領実施に基づく選択の幅の拡大にも対応して、一九八三(昭和五八)年六月に国大協は、「入試改善特別委員会」を設置して改善の検討を開始した。その結果は「入試改善特別委員会中間報告」(国大協(二〇〇七c)、一二五―一三六頁)として公表された。森会長名の七大学を「箱根の山」で分ける決定は、国大協(二〇〇七c)、「資料14」、一二三―一二四頁。

(23)　国大協(二〇〇七c)、「資料48、入学者制度の変遷について」、四一四頁。

(24)　国大協(二〇〇七c)、「資料18―1、国立大学の入学者選抜における現行の『連続方式』と『分離分割方式』の統合について」、一七七頁。

(25)　OECD教育調査団(一九七二)、五一頁。
(26)　トロウ(一九七六)、八二―八三頁、一二七―一八〇頁。
(27)　臨教審(一九八五)、三〇頁。
(28)　もっとも臨教審第一次答申が出される段階の大学は、一九六〇年代後半から七〇年代にかけての大学紛争とその後の社会的な大学批判によって、すでに「大学自治」に依拠して行政に対抗することは難しくなっていた。そのような「後退」があったとしても、大学が「自治」に代えて「自主性」や「自律」、「自立」などの言葉を用いて行政からの独立を訴えてきたのは確かである。

結論にかえて――大学入試と高大接続の今後を担う主体形成のために

第Ⅰ部では、国際的にも特殊な高大接続とも言える日本型高大接続がもはや維持できないことを明らかにし、その上で高大接続テストの構築・導入を提起し、第Ⅱ部では、日本の大学入試改革と日本型高大接続の構造的な基盤について考え、第Ⅰ部の提案を歴史的な視点も含めて掘り下げてきました。そこで、高大接続テストの構築・導入とそれを契機にした高校・大学での教育改革、そして大学の入学者選抜制度の改革が求められるわけですが、今後の改革を誰が、どのように進めるのかが大切となってきます。本書を結ぶにあたって、その問題に触れておくことにします。

ボトムアップで始まった高大接続テストの検討

高大接続テストの検討は、「はじめに」で述べたように、ボトムアップで提起されてきました。高大接続テストの検討の提起が、二〇〇七(平成一九)年の国大協総会での「平成二二年度以降の国立大学の入学者選抜制度――国立大学協会の基本方針」に至る国大協入試委員会での新しい大学入学者選抜制度の模索から始まったことは、本書のはじめに述べたとおりです。

二〇〇四(平成一六)年に国立大学は法人化し、それまでの国大協は社団法人として再編されました。それとともに、従来国立大学の入試方法のガイドラインを策定し、国立大学の入試制度改革を検討してきた国大協第二常置委員会は「入試委員会」として生まれ変わり、「法人化後の国立大学の入学者選抜の在り方」の検討を中心課題とします。その検討の中で最初に問題となったのは、「法人化後は国立大学の入試制度は、これまでのように国大協のガイドラインに従うものから加盟大学の自主性に委ねるものとした方がよい」という考えにどう対処するべきかでした。ちょうど京都大学がそれまで実施していた後期日程試験を廃止することを決めたこともあって、それは大きな課題として取り扱われました。ところが、その検討の過程で、入試委員会は、現在の大学入学者選抜制度の問題が、過去そうであったような過度の受験競争や複数受験機会の欠如ではなく、「大学全入」時代が迫っていることへの対応にあると考えるようになりました。[1] そして、日本の高大接続が、高校段階での基礎的教科・科目についての達成度を見るテストを欠いていることに注目したのです。ア・ラ・カルト方式で、素点での選抜資料を提供する現行の大学入試センター試験とは異なる新しい学力把握の仕組みに着目したのです。

最終的に入試委員会は、「『平成二二年度以降の国立大学の入学者選抜制度――国立大学協会の基本方針――』について」(国大協入試委員会報告)という報告書を二〇〇七(平成一九)年秋にまとめ、同年一一月五日に開催された国大協総会は、その報告に基づいた「国大協基本方針」を決定します。「基本方針」

で言う「高等学校における基礎的教科・科目の達成度を把握する新たな仕組み」が高大接続テストであることは言うまでもありません。かなり大胆な改革の方向を打ち出したのです。ですが、「新たな仕組み」という表現を用いたので、一体何が言われているのか、当時は注目されませんでした。それでも、このような国大協の立場は、高大接続テストについての大学・高校関係者のその後の検討の出発点をなしたと言えるでしょう。

国大協と同じような問題意識は、私立大学にも生まれていました。私大連は、連盟内の教育研究委員会において、高大接続が困難となる状況を独自に追求し、二〇〇四(平成一六)年三月に『日本の高等教育の再構築へ向けて〔II〕：一六の提言《大学生の質の保障――入学から卒業まで》』と題する提言をまとめ、さらに二〇〇八(平成二〇)年三月に『私立大学入学生の学力保障――大学入試の課題と提言』を公表していました。(2) この中で、私大連の教育研究委員会は、現在の学力入試が受験競争の緩和などから機能を低下させつつあることを指摘し、適切な高大接続を図るためには、高大接続を大学の個別入試に依存している状態から脱却して私立大学も共通試験を利活用するシステムを展望するべきであるとの認識を明らかにしていました。

中教審での検討――一つの屈折と対立

国大協など大学関係者は、二〇〇五(平成一七)年度から大学入試センターに設置された「大学入試センター試験の改善に関する懇談会」や二〇〇六(平成一八)年度の文科省の「大学入学者選抜方法の改善に関する協議」(入試改善会議)での五回にわたる集中審議の場で、今見たような意見を提出しました。そこでは、私大連とは別個の団体である私大協傘下の大学の委員から、大学が個別に入試を行っている日本で、外形基準のないままに導入されているAO・推薦入試には大きな欠陥があるとの指摘もなされました。「外形基準」とはアメリカのAO入試で用いられている共通テストの成績のことです。基礎的教科・科目についての共通テストによる客観的学力把握のないままに大学入学者選抜の多様化や評価尺度の多元化がなされることに疑問を出したわけです。

こうした意見に対して、同じ会議に参加していた高校関係者からは、当初、「AO・推薦入試のためにセンター試験以外のテストを設けるのか」という疑問が出ました。高校側からすれば、「AO・推薦入試などで学力を問わずに入学させる大学に問題がある」という問題意識があり、そこを解決しないでAO・推薦入試のためのテストを導入するのには問題があると考えたのです。

しかし、大学関係者の主張が、AO・推薦入試での学力担保が直接の目的ではなく、高大接続にあたって基礎的教科・科目の学習を促すことが必要で、そのためには学習の成果を見るための仕組みが必要なのだということが明確になるにつれて、文科省の入試改善会議に参加した高校側からの出席者も、今後さらに具体的な検討に向かうことに賛成するようになります。そこで、文科省は、高大接続テストを検討するか否かを中教審に拾い上げ、前に触れた大学分科会の「高等学校と大学との接続に関するワーキンググループ」の「議論のまとめ」が生まれたわけです。

二〇〇八(平成二〇)年一二月に出された中教審答申『学士課程教育の構築に向けて』では、かなり一般的な高大接続のあり方の改革の文脈の中で高大接続テストに触れています。しかしさきに述べたように、答申が基礎としたワーキンググループの「議論のまとめ」は、高大接続テストをＡＯ・推薦入試に関して述べていることから、高大接続テストは大学入試センター試験の他にＡＯ・推薦入試のために構想されているという受けとめ方が生まれました。

なぜ、このような屈折が生じたのでしょうか？　中教審の委員でなかった筆者には推測するしかないのですが、理由は二つ考えられます。第一は、国大協のような主張は、現在の日本の高大接続のあり方と大学入学者選抜制度全般を改革することにつながるわけで、文科省にしても中教審にしても、そこまで議論するにはあまりに多くの制約があったと言えるでしょう。『学士課程教育の構築に向けて』答申を読んでみると、日本の高大接続全体の改革が必要だとの認識がありながら、実際に提唱されている取り組みは、当面の短期的性格をもつ改革ばかりで、核心をつくのは高大接続テストくらいなのですが、それも「高等学校・大学の関係者が十分に協議・研究するように促す」というように具体性を欠いたものとなっているのです。

第二は、正面きって高大接続を改革することが困難であるとしても、ＡＯ・推薦入試をこのままにしておくわけにはいかないことは確かで、そのために高大接続テストを構想するということに一定の合理性があったことだと思われます。しかも、その必要性を前に出せば、高大接続のあり方全体の改革という大きい課題を回避した上で、国大協や大学関係者が望む「達成度を把握する新たな仕組み」の検討に向かうことが可能になると思われたのではないでしょうか。

高大接続テストが、その本来の目的から離れてあたかもＡＯ・推薦入試のための構想となった中教審での審議は、構想が屈折したものであったがゆえの問題を引き起こします。答申までの過程で相当厳しい意見の対立があったと報道されました。おそらく、ＡＯ・推薦入試のためにセンター試験とは別に新しいテストを導入するという構想が、入試改善会議の際に当初高校側から提起された疑問を再燃させたのでしょう。それに加えて、高大接続テストの検討は中教審の大学分科会で検討されたのですが、文科省の初等中等教育局と初等中等教育分科会では議論されていませんでした。中等教育関係者から反発が出るのは当然でもあったのです。

結果的に、二〇〇八（平成二〇）年一二月の中教審答申『学士課程教育の構築に向けて』には、ワーキンググループの「議論のまとめ」を受けて、「この中で提言している『高大接続テスト（仮称）』に関しては、学力を客観的に把握する方法の一つとして一定の意義があると考えられる一方、高等学校教育の在り方との関係上留意すべき点も種々あることから、高等学校及び大学関係者間の十分な協議・研究が行われることを期待する[3]」という記述がなされ、「国によって行われるべき支援・取組」に「高等学校段階の学力を客観的に把握・活用できる新たな仕組みづくりについて、高大接続の観点から取り組みを進める[4]」という文章が盛り込まれました。高大接続テストの協議・研究を推進するということでまとまったのです。しかし、中教審委員を務めた郷通子・お茶の水女子大学長（当時）は、『ＩＤＥ　現代の高等教育』に寄せた一文で、

答申案のとりまとめに向け、もっとも労を払うことになった事柄の一つは、大学と高等学校との

接続（高大接続）の改善をめぐる諸問題である。審議の中では、大学関係者と高等学校関係者との間の対話が容易でないことも痛感した。(5)

と述べていました。前途は容易でないと予期されていたのです。

協議・研究の構成と方向

協議・研究は、中教審答申が最終的に提出される前から文科省の委託事業として始められました。北海道大学が公募に応じたのは、北海道大学の佐伯浩総長が国大協の入試委員会委員長であり、筆者が二〇〇二（平成一四）年二月に国立大学法人化前の当時の国大協第二常置委員会専門委員になって以来、国大協から発信した大学入学者選抜制度改革に携わってきたことによります。ボトムアップで問題提起を行った国大協の責任を負ってのことにほかなりませんでした。(6)

協議・研究は、かつてであれば文科省が策定していた制度改革を展望する課題を含むものでした。決して一部の研究者や関係者によって検討できるものではありません。そこで、協議・研究委員会は、「はじめに」の表1で見たように、事業開始から二〇一〇（平成二二）年三月までは二二名の委員をもって構成されたのですが、高校側からは全高長をはじめ公私立の高校長五名、都道府県教育長協議会一名、全国高等学校ＰＴＡ連合会一名を含む七名、大学側からは国大協五名、公大協一名、私大連二名、私大協二名、大学入試センター一名を含む一一名、これに初等中等教育研究者二名、高大接続に関わる有識者二名が委員となって構成されました。中教審、入試改善会議などにも参加しており、同時に主要団体を代表する役割を担ったメンバーに委員となってもらったのです。

協議・研究は、高大接続テストをＡＯ・推薦入試に限定された狭い、あるいは技術的な見地から検討する立場をとりませんでした。入試改善会議でのまとめ、あるいは国大協の問題提起を出発点としたのです。確かに当初は、「実現可能性から見てＡＯ・推薦入試に利用できるという範囲で議論した方がよいのではないか」という意見も一部にありました。だが、協議・研究の開始から間もなく、協議・研究委員会は、現在の高大接続の何が問題であるかを問う検討を行い、適切な高大接続テストがあるとすれば、それを基礎に学力選抜を含めた大学入学者選抜制度全体の改革を行うべきであるとの立場に向かいました。往々、高大接続テストは現行の入学者選抜制度を技術的に救うものとの見方が出されるのですが、それは中教審の検討段階から推測するものであって、協議・研究が取り組んだものとは著しく異なります。

高大接続テストの協議・研究が最も重視したのは、戦前に始まり、戦後の学制改革を経て今日まで続いている日本型とも言うべき高大接続の独自な形態が、今日ではもはや機能せずに転換の必要に直面していることでした。そして、この点への着目が、従来の大学入学者選抜制度批判や高校教育批判が看過していた教育上の高大接続の重要性を拾い上げることを可能にし、高大関係者が一致する高大接続テストの構想を生み出したのです。日本型高大接続の問題点が明らかになるとき、高大接続テストをいかに構想するべきかという問題は、かなりの程度「技術的」に目的合理性、実行可能性、社会的受容可能性に配慮することによって可能となるものでした。

国大協と入試改革

では、協議・研究報告書が文科省に提出された後は、どのように具体化されていくのでしょうか。通常であれば、文科省内での意思形成を伴いつつ中教審の課題として取り上げられ、政策的な具体化が図られていくでしょう。できれば、協議・研究報告書が、したがって本書が描いたような高大関係者の検討組織によってテストの構築・導入がなされていくような具体化に向かうことを期待したいものです。ただ、その際に、留意しておくべき点があります。それは、高大接続テストの構築・導入という課題が従来の入試改革とはかなり異なる性格をもっていることから、従来のような改革の経路とは異なる経路を辿らなくてはならないということにほかなりません。

共通第一次学力試験導入以来の入試改革は国大協によって担われてきました。表12は国立大学の入試改革の経緯を示したものですが、日本の入試改革ことに制度改革が国大協に依存してきたことがよくわかると思います。共通第一次学力試験も国大協の中での検討から始まった改革と「四六答申」が対応した結果実現しましたし、I期校・II期校制の廃止、連続方式への転換、分離分割方式の導入など国立大学の入試に関わる改革は国大協を欠いて実現はできなかったでしょう。二〇〇四(平成一六)年からのセンター試験五(六)教科七科目導入は国大協の提起によるものでしたし、今進んでいるセンター試験の改善――「地理歴史」、「公民」と「理科」からの二科目選択や素材文・良問についての制限緩和など――も国大協が提起したものです。言い換えれば、「非学力選抜」や「少数科目入試」などを除けば、国大協が改革に深く関係していたと言えます。もちろん、こうした改革のすべてが国大協の中から提起され

表 12　国立大学の大学入試改革の経緯

年	事　項	内　容
1947 年	進学適性試験実施	1942-54 年度
1949 年	新制大学発足に伴うⅠ期校・Ⅱ期校制度による入試	
1963 年	能研テスト実施	1963-68 年度
1979 年	国立大学共通第 1 次学力試験実施，Ⅰ期校・Ⅱ期校制の廃止	共通第 1 次学力試験 (1979-89 年度)1979-86 年度は 5 教科 7 科目
1987 年	共通第 1 次学力試験の科目変更(5 教科 5 科目)，受験機会複数化(「連続方式：A 日程・B 日程」「事後選択制」)	北海道，東北などの地区ごとに A 日程と B 日程に大学を振り分け
1989 年	連続方式と分離分割方式の併存	
1990 年	大学入試センター試験実施	大学入試センター試験(1990 年度-現在)，これに伴いセンター試験教科・科目数の減少
1997 年	分離分割方式への統合	
2000 年	国大協総会で第 2 常置委員会の「国立大学の入試改革――大学入試の大衆化を超えて」を承認	2004 年度からセンター試験は原則「5(6)教科 7 科目」とすることを決定
2004 年	センター試験で原則 5(6)教科 7 科目	
2004 年	国立大学法人化	国大協に従来の「第 2 常置委員会」にかえて「入試委員会」設置
2006 年	分離分割方式の弾力化	①募集単位を原則学部とする，②前期・後期の募集人員の比率は現行比率を基準に大学の裁量に委ねる，③分割比率の少ない日程の募集人員に推薦入学・AO 入試を含めることを妨げない
2007 年	国大協総会で，入試委員会の提案に基づく「平成 22 年度以降の国立大学の入学者選抜制度――国立大学の基本方針」を決定	①　国立大学共通のアドミッション・ポリシーとして基礎的教科・科目の普遍的履修を掲げる ②　共通試験の改善 1)「高等学校等における基礎的教科・科目の学習の達成度を把握する新たな仕組み」の検討を文科省など関係者に要請 2) センター試験での「地理歴史」と「公民」からの 2 科目選択，標準的良問の出題，論理的思考を見る試験への工夫改善，の 3 点を要請 ③　2006 年度からの分離分割方式(「弾力化」を含む)の維持

てきたものとは言えません。連続方式や分離分割方式の導入は、明らかに臨教審第一次答申に対応したものでした。しかし、国大協を通じてそうした改革がはじめて実現できたこともまた疑いないのです。

このように国大協が大学入試改革に深く関わってきた理由の一つは、何よりも入試改革が国立大学の入試改革であったことにあります。大学入学者の中で一九五〇年代に三分の一以上を占めた国立大学の入学者は今では六分の一になっていますが、ＯＥＣＤ教育調査団が描いた「頂点の鋭くとがったピラミッド状」の階層構造の上層を占めてきました。私立大学は共通第一次学力試験以後の「国立大学離れ」と受験生の「大都市志向」の中で上層の中に入り込むようになりましたが、今日でもなお「大学ランキング」で国立大学は大きな位置を占めています。ですから教育問題としてであれ、社会問題としてであれ、問題としての大学入試は他ならぬ国立大学の入試を対象とするものでした。

第二の理由は、戦前の文部省による規制に代わって、国大協が国立大学の入試制度を総会決定にしたがって定め、各種の通知、そして「国立大学の入学者選抜についての実施要領」や「実施細目」などのガイドラインを示してきたことにあります。それらの策定、解釈などに実際にあたってきたのが、大学法人化以前の国大協では第二常置委員会であり、法人化後は入試委員会という学長委員と専門委員から構成される組織です。大きな改革についてはそれらの委員会を超える検討組織が設けられ、あるいは委員会の中に小委員会などが設置されたこともありますが、基本的には第二常置委員会とそれを継承した入試委員会が国立大学の入試制度の策定と運営に直接携ってきました。

このようなシステムの中で、国立大学は統一した入試制度を実現・運用してきました。外部から見れば、「護送船団方式」によって弱い国立大学を保護してきたのではないかとも見られるのですが、このシステムの中で国立大学は「グレシャムの法則」にも「合成の誤謬」にも陥らずに、安定した入試制度を実現してきました。そして、このシステムと密着して全国の国立大学入試課長会議が開催されて、事務組織同士、事務組織と委員会との情報交換や共有もなされてきました。入試に関するこのような組織のあり方は、私立大学ではまったく異なっています。そして、私立大学は、国立大学の入試制度に対応して自らの入試を行ってきました。その点から言えば、私立大学は、国立大学が提供する「公共的制度」としての入試制度の「フリーライダー」ではあっても、改革の主要なアクターとして登場することはありませんでした。

高大接続テストの構築・導入をはじめとする高大接続に関する改革に国大協が主導的な役割を果たさなければならないことははっきりしています。少なくとも、国への要請や意見表明などを超えて自ら制度の策定や統一的運用を実現できている組織は他の私立大学や高校関係団体にはありません。

しかし、国大協は大学法人化後に、各大学が自らの自由度を確保しようという動きに揺さぶられてきています。京都大学や大阪大学工学部が後期日程試験をやめて分離分割方式の維持が難しくなっていることはよく知られているでしょう。このままいきますと、国大協が維持してきた公共的入試制度自体をその後も維持できるのかという懸念が生じつつあるのです。これまでのように国大協にのみ依存して日本型高大接続の転換を果たすのは相当困難だと言うべきでしょう。

日本型高大接続の転換は従来の入試改革とは異なる

高大接続という課題は、今述べたことにまして重要なことに、国大協に依存した従来の改革とは異なる性格をもっています。高大接続という課題自体が入試制度改革を超えるからです。むしろ入試制度改革を含む教育改革と言ってよいでしょう。

日本型高大接続の転換は、それら関係者すべてに関わることですから、ボトムアップで提起した過程を引き継いで、関係者自らが新たなシステムを集合的に構築することが求められているのです。高大接続テストの検討を提起した国大協がそうした営為の軸となることは当然ですが、私立大学にも大きな責務があります。少子化の中での私立大学の「非学力選抜」と「少数科目入試」などが今日の高大接続の機能不全の要素となっていることを考えますと、私立大学には、国立大学の入試制度を前提に各大学が競争的に入試を行うという従来のシステムからの脱却が強く求められていると言えます。また、高校側は、これまでは大学入試によって振り回されながら高校教育を行ってきたのですが、そのような教育にはもはや限界があり、これまでの弊害を直すことを含めて、新たな高大接続の主要アクターとして集合的営為の軸になることが求められています。

そこで、最も危険なことは、国大協、公大協、私立大学団体連合会ならびに私大連、私大協、大学入試センターなどの大学団体などが「それは大学入試の範囲外の問題だ」として改革の責務を負わず、全高長、私立中高連、全国高等学校ＰＴＡ連合会、全国都道府県教育長協議会などの高大関係の団体が「大学が責務をもたないならば、高校側が関与することはない」として改革から距離を置くことです。

それは、各団体の利害から日本の高大接続に対応することを意味し、高大接続が入試制度を超える公共的性格をもつことを看過することを意味します。

協議・研究の意味

高大接続テストは、大学入試の選抜機能に高大接続の学力把握を依存していた状態を根底から改め、高校での基礎的教科・科目の達成度を確実なものとすることによって大学教育への学力面での接続を図るものです。この試みは、高校教育の改革にとどまらず大学入試改革と大学教育での質の保証にも関わります。大学が「高校が大学進学に必要な教育をすればよい」と主張し、高校が「大学が適切な学力を問う入試をやればよい」と主張するのであれば、制度的欠陥は看過されたままとなり、この改革は実現不可能となります。今、最も求められているのは、高大関係者がともに力を合わせて取り組むことにほかありません。

これまで、大学入学者選抜制度改革は大学側が主導し、しかも国立大学と私立大学が直接意見を交わすこともまれでした。高校教育のあり方について大学が意見を言うこともめったにありませんでした。しかし、文科省の委託事業という形であれ、高大接続テストの協議・研究には、幸いにも国公私大の関係者と公立・私立の普通・専門高校の関係者、初等中等教育研究者などが主体的に参加することとなりました。戦後の高大接続に関わる教育改革にあってこのような協議・研究体制が組まれたのははじめてと言って過言ではないでしょう。

従来の教育改革は、国大協が取り組んできた入試改革の部分を除くと、ほとんどが文科省、中教審あるいは大学審議会主導で提起され、教育界はどちらかと言うとそうした改革を外から批評しながら、終局的には改革にしたがうという経過を辿ってきました。そうなった理由はいろいろあるのですが、その一つに教育関係者が、公立高校と私立高校、大学と高校、国立・公立大学と私立大学などの団体にそれぞれ所属し、それらの団体間に利害の相違が存在して、それらの団体が集合的に何かを検討する主体となりえなかったことがあります。それらの団体に共通の課題を提示し、団体間を調整して改革を推し進めるには、文科省の力が必要とされたのです。

しかしながら、高大接続テストは、逆にボトムアップで大学や高校から検討の要請が生まれ、各団体の協力の上に高大接続テストの協議・研究がなされ、しかも種々の利害対立を越えてこれまで述べてきたような高大接続テストの目的・性格・具体的なテストの形態や構造について一致した提案をすることが可能となりました。このことは、文科省が日本型高大接続の転換を認識するならば、高大関係者が協力して高大接続テストの構築・導入に向かうことが可能であることを示しています。高大関係者が主体となる集合的営為によって日本型の高大接続を転換する、それは求められているだけでなく、可能なのです。

知識基盤社会と日本型高大接続の転換

グローバルな知識基盤社会にあって、わが国の大学教育が「やせ衰え」、高校教育の「底が抜ける」

ことになれば、わが国の学習に基づく社会発展は達成しがたいものとなります。選抜機能を維持しうる一部の大学や強い進学意欲をもつ生徒を擁する一部の高校が教育のフィールドに屹立しうるのも、そこが豊かな土壌と広い繁茂を擁してのことにほかなりません。沃野が荒蕪地に変わるならば、巨木も育ちません。

協議・研究の結果を、あらためて関係団体、文科省が受けとめて日本型高大接続の転換を実現することが望まれています。すでに二〇〇九(平成二一)年度入試から一八歳人口は一二〇万人台すれすれになっていて、しかも今後基調の変わらないまま一八歳人口は一〇〇万人台まで漸減していきます。高大接続の転換の一年の遅れは、大学進学者六〇万、さらにそれに種々の高等教育機関に進学する多くの高校卒業者が知識基盤社会に対応して可能性をもつことをそれだけ妨げ、その結果、大きな制約を将来にもたらすでしょう。若い世代が自己の能力を発揮できるような、そして日本社会が知識基盤社会にふさわしい高校教育と大学教育ができるような環境を構築することが、不可欠の喫緊の課題となっています。

(1) 当時、経済財政諮問会議では、民間議員から「国立大学入試日の分散・複数合格」が提起された。これに対して、筆者は二〇〇七(平成一九)年五月二一日の『日本経済新聞』に投稿して、国大協の立場から民間議員提案の問題点を指摘するとともに、「現在の入学者選抜制度改革の必要性は、少子化によって基礎学力を欠く学生が大学に容易に進学しうること、ならびに高校の多様化に伴う必修科目・単位数の削減と科目選択の幅の拡大によって幅広い学習がなされていないことを基本的背景としている」と指摘し、「今、私立を含めた大学入試で最大の問題は、……高校と大学の接続が難しくなっていることである」との認識を明らかにした。それは国大協入試委員会の検討を反映するものであった。

（2）私大連（二〇〇四）、私大連（二〇〇八）。
（3）中教審（二〇〇八）、三二頁。
（4）中教審（二〇〇八）、三四頁。
（5）ＩＤＥ大学協会（二〇〇八）、七頁。
（6）協議・研究の課題がボトムアップで提起されたことについては、協議・研究報告書（二〇一〇）、五—七頁。

参考文献

＊欧文文献は翻訳のあるものに限定している。また、一部本書で直接言及していない文献も含む。

1．政府関係文献

協議・研究報告書（二〇一〇）［北海道大学「高等学校段階の学力を客観的に把握・活用できる新たな仕組みに関する調査研究」報告書］、平成二二年九月三〇日。http://www.mext.go.jp/a_menu/koutou/itaku/08082915/__icsFiles/afieldfile/2010/11/04/1298840_1.pdf

大学審議会答申（二〇〇〇）『大学入試の改善について』。

中央教育審議会答申（一九六三）『大学教育の改善について』。

中央教育審議会答申（一九七一）『今後における学校教育の総合的な拡充整備のための基本的施策について』。

中央教育審議会答申（一九九一）『新しい時代に対応する教育の諸制度の改革について』。

中央教育審議会答申（一九九七）『二一世紀を展望した我が国教育の在り方について（第二次答申）』。

中央教育審議会答申（一九九九）『初等中等教育と高等教育との接続の改善について』。

中央教育審議会答申（二〇〇五）『我が国の高等教育の将来像』。

中央教育審議会答申（二〇〇八）『学士課程教育の構築に向けて』。

文部省（一九五八）『大学入学試験に関する調査』、文部省大学学術局大学課。

文部省（一九七二）『学制百年史』、文部省。

臨時教育審議会(一九八五)「第一次答申」、『文教時報』臨時増刊号、一二九九号。

2．大学団体関係文献

国立大学協会(二〇〇〇)「国立大学の入試改革――大学入試の大衆化を超えて」(社団法人国立大学協会(二〇〇七c)所収)。

社団法人国立大学協会(二〇〇五)「平成二〇年度以降の国立大学入学者選抜改革に関する報告」。

社団法人国立大学協会(二〇〇七a)『平成二二年度以降の国立大学の入学者選抜制度――国立大学協会の基本方針』。

社団法人国立大学協会(二〇〇七b)入試委員会「報告『平成二二年度以降の国立大学の入学者選抜制度――国立大学協会の基本方針――』について」(社団法人国立大学協会(二〇〇七a)所収)。

社団法人国立大学協会(二〇〇七c)『国立大学の入学者選抜【基礎資料集】』。

社団法人日本私立大学連盟(二〇〇四)教育研究委員会教育研究分科会『日本の高等教育の再構築へ向けて〔II〕：一六の提言《大学生の質の保障――入学から卒業まで》』。

社団法人日本私立大学連盟(二〇〇八)『私立大学入学生の学力保障――大学入試の課題と提言』。

3．雑　誌

IDE大学協会(一九九三)「戦後大学政策の展開」、『IDE　現代の高等教育』、第三五一号。

IDE大学協会(二〇〇八)「『学士課程教育』答申案を読む」、『IDE　現代の高等教育』、第五〇五号。

IDE大学協会(二〇一〇)「揺れる世界の大学」、『IDE　現代の高等教育』、第五一八号。

全国大学入学者選抜研究連絡協議会(二〇〇七)「特集　各国の入試制度」『大学入試研究の動向』、第二四号。

全国普通科高等学校長会(二〇〇九)『全普高会誌』、第五七号。

日本高等教育学会(二〇一一)『高大接続の現在――高等教育研究』、第一四集。

リクルート(二〇〇九)「二〇〇八年高校の進路指導・キャリア教育に関する調査」、『キャリアガイダンス』、第二五号。

4・その他

天野郁夫(一九八六)『試験と学歴』、リクルート。

天野郁夫(一九九二)『学歴の社会史――教育と日本の近代』、新潮社。

天野郁夫(二〇〇七a)『試験の社会史』、平凡社ライブラリー、初出一九八三年。

天野郁夫(二〇〇七b)「補論　試験の近代・テストの現代」、『試験の社会史』、平凡社ライブラリー、初出一九九四年。

天野郁夫(二〇〇九a)『大学の誕生(上)――帝国大学の時代』中央公論新社(中公新書二〇〇四)。

天野郁夫(二〇〇九b)『大学の誕生(下)――大学への挑戦』中央公論新社(中公新書二〇〇五)。

荒井一博(一九九五)『教育の経済学』、有斐閣。

荒井克弘、橋本昭彦(二〇〇五)『高校と大学の接続――入試選抜から教育接続へ』、玉川大学出版部。

荒井克弘、髙木克、佐々木隆生(二〇〇九)「特集　高大接続」、河合塾全国進学情報センター『ガイドライン』、平成二一年七・八月号。

荒井克弘、長澤成次、榎本剛、荻上紘一、佐々木隆生、松本亮三、髙木克(二〇一〇)「公開討論会　大学全入時代における これからの大学入学者選抜制度の在り方――中教審答申『学士課程教育の構築に向けて』をふまえて」、全国大学入学者選抜研究連絡協議会『大学入試研究の動向』、第二七号。

伊藤隆俊、西村和雄(二〇〇三)『教育改革の経済学』、日本経済新聞社。

潮木守一(二〇〇四)『世界の大学危機』、中央公論新社(中公新書一七六四)。

大友賢二(一九九六)『項目応答理論入門――言語テスト・データの新しい分析法』、大修館書店。

苅谷剛彦（一九九五）『大衆教育社会のゆくえ』、中央公論新社（中公新書一二四九）。

苅谷剛彦（二〇〇一）『階層化日本と教育機器――不平等再生産から意欲格差社会へ』、有信堂高文社。

苅谷剛彦（二〇〇八）『教育再生の迷走』、筑摩書房。

苅谷剛彦（二〇〇九）『教育と平等』、中央公論新社（中公新書二〇〇六）。

吉川徹（二〇〇六）『学歴と格差・不平等――成熟する日本型学歴社会』、東京大学出版会。

木村拓也、倉元直樹（二〇〇六）「戦後大学入学者選抜における原理原則の変遷――『大学入学者選抜要項』「第1項選抜方法」の変遷を中心に」、『大学入試研究ジャーナル』、国立大学入学者選抜研究連絡協議会、第一六号。

黒羽亮一（一九七八）『入学試験』、日本経済新聞社（日経新書二八五）。

黒羽亮一（二〇〇一）『新版　戦後大学政策の展開』、玉川大学出版部。

小林雅之（二〇〇九）『大学進学の機会』、東京大学出版会。

佐々木隆生（二〇〇七）「私大型の複数受験・複数合格――国立大に導入　問題多く」、『日本経済新聞』、平成一九年五月二一日。

佐々木隆生（二〇〇九）「『高大接続テスト』採用を　基礎学力　一定水準に導く」、『日本経済新聞』、平成二一年四月二〇日。

佐々木隆生（二〇一〇）「『高大接続テスト』と教育改革」、『月刊　高校教育』、高校教育研究会、平成二二年一月号。

佐々木隆生（二〇一一）「日本型高大接続の転換点――『高大接続テスト（仮称）』の協議・研究をめぐって」、『年報公共政策学』、北海道大学公共政策大学院、第五号。

佐々木隆生、松本亮三、関根郁夫、青山彰、横山晋一郎（二〇一〇）「【シンポジウム】高大の接続をめぐって」、『月刊　高校教育』、高校教育研究会、平成二二年三月号。

実松譲（一九九三）『海軍大学教育――戦略・戦術道場の功罪』、光人社、初出一九七五年。

清水義弘（一九五七）『試験』、岩波書店（岩波新書二九八）。

鈴木規夫、山村滋、濱中淳子（二〇〇九）『大学入試の在り方を考える――高校側の視点・大学側の視点』、独立行政法人大学入試センター研究開発部。

先﨑卓歩（二〇一〇）「高大接続政策の変遷」、『年報　公共政策学』、北海道大学公共政策大学院、第四号。

先﨑卓歩、斉藤剛史、倉元直樹、中井浩一、髙木克、清水幹恵（二〇〇八）「特集　これからの高大接続を考える」、『月刊　高校教育』、高校教育研究会、平成二〇年一〇月号。

東京大学学校教育高度化センター（二〇〇九）『基礎学力を問う』、東京大学出版会。

豊田秀樹（二〇〇二）『項目反応理論：入門編――テストと測定の科学』、朝倉書店。

豊田秀樹（二〇〇五）『項目反応理論：理論編――テストの数理』、朝倉書店。

トロウ、マーチン(Martin Trow)（一九七六）、天野郁夫・喜多村和之訳『高学歴社会の大学』、東京大学出版会。

中井浩一（二〇〇七）『大学入試の戦後史――受験地獄から全入時代へ』、中央公論新社（中公新書ラクレ二四三）。

日本テスト学会（二〇〇七）『テスト・スタンダード――日本のテストの将来に向けて』、金子書房。

山村滋、鈴木規夫、濱中淳子、佐藤智美（二〇〇九）『学生の学習状況からみる高大接続問題』、独立行政法人大学入試センター研究開発部。

森川輝紀（二〇〇二）「立身出世主義と近代教育」、辻本雅史、沖田行司編『新体系日本史16　教育社会史』、山川出版社。

森嶋通夫（一九七三）『近代社会の経済理論』、創文社。

渡辺一雄（編）（二〇一〇ａ）『教育政策入門２　学校の制度と機能』、玉川大学出版部。

渡辺一雄（編）（二〇一〇ｂ）『教育政策入門３　大学の制度と機能』、玉川大学出版部。

Drucker, P. F. (2001) *Managing in the Next Society*, St. Martin Press, New York, 上田敦生訳『ネクスト・ソサエティ――歴史が見たことのない未来がはじまる』、ダイヤモンド社、二〇〇二年。

ＯＥＣＤ教育調査団（一九七二）『日本の教育政策』、朝日新聞社。

Reich, R. B. (1991) *The Work of Nations: Preparing Ourselves for 21st Century Capitalism*, Alfred A. Knopf, New York, 中谷巌訳『ザ・ワーク・オブ・ネーションズ——二一世紀資本主義のイメージ』、ダイヤモンド社、一九九一年。

あとがき

二〇〇三年の二月のことですが、北海道大学の入学者選抜制度調査委員会の委員長を務めていたことから、当時の中村睦男・北海道大学総長が委員長であった国立大学協会第二常置委員会に専門委員として加わることとなりました。教育学者でもない、またテストや入試の専門家でもない私は、このときから国立大学の入学者選抜制度に関わるようになり、二〇〇七年秋の国大協総会で決定した「平成二二年度以降の国立大学の入学者選抜制度――国立大学協会の基本方針」策定に関係することになったのですが、それは同時に、大学入試センターや文部科学省での会議への出席を含めて、国立大学の入試に限らない高大接続問題への関与につながっていきました。そして、二〇〇八年一〇月から二〇一〇年九月まで「高等学校段階の学力を客観的に把握・活用できる新たな仕組みに関する調査研究」――通称「高大接続テストの協議・研究」――の研究代表を務めることとなりました。

二〇一〇年秋に文部科学省の委託事業である「高大接続テストの協議・研究」報告書を提出し、二〇一一年三月には定年退職後も特任教授として勤めた二年間を含めて三四年二か月在籍した北海道大学を離れ、同時に社団法人国立大学協会入試委員や大学入試センター、文部科学省でそれまで務めた委員の責務から解放されることとなりました。一人の国際経済学の研究・教育者に戻ることになったわけですが、この間にお世話になった方々から「高大接続テストと大学入試について本を書いたらどうか」とのすすめがありました。これが本書の起源です。内容に関わることはすべて本文に委ねて、ここでは本書の成立を支えてくださった方々に感謝を捧げたいと存じます。

私の入試や高大接続に関係する活動は、中村睦男・元北海道大学総長、佐伯浩・北海道大学総長、第二常置委員会と入試委員会の委員の方々をはじめ事務職員を含めて実に多くの国大協の関係者の方々、私に協力してくださった川口修一、市山準一、村田幸彦の元北海道大学入試課長など北海道大学学務部入試課の職員、それに大学入試センターの故丸山工作、荒川正昭のお二人の元理事長と吉本高志理事長はじめ多くの大学入試センター教職員の方々、清水潔・文部科学次官をはじめとする多くの優れた文部科学省の職員の方々によって支えられてきました。そして、私が二〇〇三年以来二〇一一年三月まで務めた文部科学省の「大学入学者選抜の改善に関する協議」の委員の方々は、無遠慮に議論を行う私に本当によく付き合ってくださり、またいろいろと教えてくださいました。また、協議・研究委員を引き受けていただいた戸谷賢司・元全国高校長協会会長、高木克・元全国高等学校長協会入試対策委員長はじめ高校関係者、松本亮三・東海大学教授、濱名篤・関西国際大学長をはじめ私立大学の委員、中津井泉、浅野攝郎、安彦忠彦委員をはじめ有識者の方々、さらに多くのマスコミ・ジャーナリズムの方々や医療系大学間共用試験実施評価機構、ベネッセ、河合塾、旺文社などの教育関係の方々、また各地の高大協力に取り組んでおられる大学関係者や高校関係者のご協力によって支えられました。特に高校関係者の方々とは、この仕事ではじめて出会うことになったのですが、その方々の高校教育への情熱と生徒への真剣なまなざしにずいぶん励まされました。

忘れてならないのは、国大協での入試制度改革に携るようになって以来、「同僚」として私を励まし、教えてくれた方々です。ことに、岡本和夫・大学評価・学位授与機構理事、柴田洋三郎・大学入試センター試験研究統括官、荒井克弘・同センター副試験研究統括官、川嶋太津夫・神戸大学教授は、国大協第二常置委員会から国大協入試委員会、協議・研究委員会まで心を許して議論できる同僚として、私をいつも導いてくださいました。

もっと具体的にお名前をあげて感謝したい方々がいますが、現在の高大接続テストをめぐる状況を考えますと軽率にそれを行うことができないのが残念です。それらの方々を含めて、現在の高大接続、さらに日本の教育について真剣に取り組んでおられるすばらしい方々に出会えたのは私の幸せであり、私が一大学教員として研究・教育に携わる上での貴重な財産となりました。いくら感謝しても足りないと思っております。

最後に、本書を企画していただいた北海道大学出版会、そして編集を担当してくださった今中智佳子氏に深く感謝を申し上げたいと存じます。

二〇一一年七月末日　北星学園大学の研究室にて

佐々木隆生

図 表 一 覧

佐々木隆生（ささき たかお）

1945年岩手県生まれ。
1969年東北学院大学経済学部卒業，1975年東北大学大学院経済学研究科博士課程単位取得退学。東北大学経済学部（1975〜1977年），北海道大学経済学部・経済学研究科（1977〜2005年），北海道大学公共政策大学院（2005〜2011年）勤務を経て，現在，北星学園大学経済学部教授。博士（経済学）。
大学入試改革や高大接続問題に，国立大学協会第2常置委員会，入試委員会等の専門委員ならびに文部科学省入試改善協議の委員（2003〜2011年）として従事。「高大接続テストの協議・研究」（2008〜2010年）の研究代表。
〈主要著書〉
『国際資本移動の政治経済学』（藤原書店，1994年）
『国際公共財の政治経済学―危機・構造変化・国際協力』（岩波書店，2010年）
『構造変化と世界経済』（共編，藤原書店，1993年）
『ヨーロッパ統合の脱神話化―ポスト・マーストリヒトの政治経済学』（共編著，ミネルヴァ書房，1994年）
『構造変化の経済動学』（監訳，L. L. パシネッティ著，日本経済評論社，1998年）

大学入試の終焉――高大接続テストによる再生

2012年2月25日　第1刷発行

著　者　　佐々木隆生
発行者　　吉 田 克 己

発行所　北海道大学出版会
札幌市北区北9条西8丁目 北海道大学構内（〒060-0809）
Tel. 011(747)2308・Fax. 011(736)8605・http://www.hup.gr.jp

アイワード

ISBN978-4-8329-3379-8